固定資産税の
課税の誤りと
他方面への影響

税理士・行政書士 **森田　純弘** 著

税務研究会出版局

はしがき

　固定資産税の課税の誤りについての新聞記事を目にすることは昔からありました。そんなに頻繁に出る記事ではないものの大変なことだなあと思って見ていました。大変だなあと思う理由は3つありました。その1つがその誤りの件数の多さです。一つの市町村の固定資産税の課税の誤りであっても、数件や数十件ではなく、数百件、数千件の課税の誤りとなって問題が発覚するからです。もう1つの大変だなあと思う理由は、固定資産税は固定資産の所有者に対して単年度ではなく数年間に渡る累積として税額の誤りがのしかかって、その金額が多額となることです。さらにもう1つの理由は、その誤った税額の返還の時効が5年で、それを超える期間分については泣き寝入りであるということでした。

　固定資産税は、役所が税額を計算して支払ってくださいというイメージの税金です。納税者は、役所の計算が誤るはずがないと思っている人が多いのではないでしょうか。また、誤っているかもしれないと思って恐る恐る役所を訪ねても、必ずしも良い顔をしないで、税金の素人を追い返さんばかりの対応をとられたら調べてもらう勇気も失せるかもしれません。

　本書でも取り上げられているように、固定資産税の課税の誤りによる返還請求が、国家賠償法の適用により最長で20年の判決が出たときは衝撃でした。その後固定資産税の課税ミスについて敏感になっていたはずの課税団体であったにも関わらず、誤った課税が関わった滞納処分による公売で住む家を失った人がいるとの報道もかなりの衝撃でした。

　本書は、固定資産税の課税の誤りが、今現在も多く存在し、またその課税の誤りは身近に起こるかもしれないことに対する注意を促すために書きました。実際、私の父も生前に固定資産税が高いような気がするとして、市役所に問い合わせをしたところ誤りがあったと話していました。

いまだ多く発生する固定資産税の誤りについては、総務省や各市町村及び各都道府県も「信頼回復」として、実態調査、原因の把握、対応策、改善策に取り組んでいます。今回、本書作成にあたり、総務省、東京都及び市町村の固定資産税担当その他各種団体の数多くの方々に取材等に応じていただきました。

　ただ、取材をするにあたって、現場に携わる担当者の温度差をかなり感じました。丁寧に状況や取り組みを説明して下さる役所もあれば、あまりよくわかりませんと回答がある役所もありました。また、本書でも取り上げてある「返還要綱」の存在も知らない現場もありました。

　余談ですが、かつて、私の曽祖父である森田金次郎がお仕えし、影武者を務めたとされる西郷吉之助という人物は薩摩藩の税の役人、言い換えるならば地方税の役人であり御庭番であったと伝え聞いております。その当時は、貧しいものも多く過度な地方税課税に注意を払いつつ正しい課税を行わなければならないと西郷吉之助は考え行動をしていたようです。本書の出版に当たっては切っ掛けを作って頂いた鹿野さんその他の税務研究会の方々に感謝をしつつ、森田金次郎と西郷吉之助の両氏に本書の意志を捧げたいと思います。

　また、本書が、少しでも固定資産税の正しい課税に役立ち、納税者にとっては自分の財産を守り、課税団体にとっては適正な財政の確立がなされることを願います。

　最後に、本書を出すにあたって尽力頂きました税務研究会の編集及び営業の方々、前職同僚の先生方、当職事務所のスタッフに感謝したいと思います。ありがとう申し上げました。

平成30年1月

税理士・行政書士　森田　純弘

目　次

第1　固定資産税の課税誤りの実態

（1）固定資産税の課税の誤りのニュース …………………… 1
（2）総務省による状況調査 …………………………………… 7
（3）潜在的な問題点 …………………………………………… 9

第2　固定資産税制度

（1）課税の根拠 ………………………………………………… 15
　① 課税における日本国憲法 ……………………………… 15
　② 地方税の課税 …………………………………………… 18
　③ 固定資産税の課税権と性格 …………………………… 20
　④ 特別な課税 ……………………………………………… 23
　⑤ 固定資産税の税収の現状 ……………………………… 24
（2）固定資産税の沿革 ………………………………………… 25
（3）地方税の用語と東京都の取扱い ………………………… 27
　① 独特な用語 ……………………………………………… 27
　② 東京都の取扱い ………………………………………… 27
（4）固定資産税の概要 ………………………………………… 29
　① 課税客体 ………………………………………………… 29
　② 課税主体 ………………………………………………… 34
　③ 納税義務者 ……………………………………………… 34
　④ 課税標準 ………………………………………………… 41
　⑤ 税率 ……………………………………………………… 45

⑥　免税点……………………………………………………46
　　⑦　賦課期日…………………………………………………48
　　⑧　納期………………………………………………………50
　　⑨　徴税手続き………………………………………………52
（5）固定資産税額の計算 …………………………………………55
　　①　基礎………………………………………………………55
　　②　具体的な土地・家屋・償却資産の評価の仕組み……55

第3　固定資産税の誤りや誤解が生じる要因

（1）課税・納税方式が持つ固有の問題点 ………………………63
　　①　課税・納税方式の種類…………………………………63
　　②　賦課課税方式による問題………………………………65
　　③　固定資産税の複雑な計算方法…………………………67
　　④　固定資産税の課税客体の特徴及び特異な点…………67
（2）その他の要因 …………………………………………………73
　　①　不動産取引の金額との乖離……………………………73
　　②　計算の複雑性……………………………………………76
　　③　課税時期の問題…………………………………………78
　　④　課税団体としての専門性の問題………………………79
　　⑤　地方税としての問題点…………………………………80
　　⑥　共有名義の土地や家屋…………………………………81
　　⑦　閲覧、縦覧制度の形骸化………………………………81
　　⑧　変更の届出の失念………………………………………82

第4　是正制度

- （1）是正措置 …………………………………………………………83
  - ①　市町村長による価格等の決定又は修正……………………83
  - ②　納税者による価格の是正（審査の申出）…………………83
  - ③　縦覧制度（地方税法第416条第1項）………………………88
  - ④　閲覧制度（地方税法第382条の2第1項、387条）………88
  - ⑤　審査請求（行政不服審査法）…………………………………88
  - ⑥　取消訴訟（地方税法第434条第1項）………………………89
- （2）還付と還付金の消滅時効——固定資産税の返還……………91

第5　判例等と過徴収金の返還

- （1）判例等……………………………………………………………93
  - ①　浦和地裁判決（平成4年2月24日判決）…………………93
  - ②　最高裁判決（平成22年6月3日判決）……………………101
  - ③　新座市の課税ミスと対応……………………………………106
- （2）過徴収金の返還に関する要綱…………………………………108
- （3）国家賠償法………………………………………………………109

第6　固定資産税上の誤りが及ぼす影響

- （1）固定資産税独自の影響（都市計画税を含む）………………111
  - ①　毎年課税………………………………………………………111
  - ②　不動産登記の失念や手続き上のミス………………………112
  - ③　累積額の巨額化………………………………………………121
  - ④　都市計画税での問題…………………………………………123

(2) 相続税、贈与税に与える影響……………………………………126
    ① 相続税、贈与税の基本的な考え方 …………………………126
    ② 相続税課税の範囲（相続以外でも課税）…………………126
    ③ 贈与税課税の範囲 ……………………………………………128
    ④ 相続税と贈与税の税額計算の概要 …………………………128
    ⑤ 土地の評価 ……………………………………………………132
    ⑥ 家屋の評価 ……………………………………………………133
    ⑦ 株式の評価 ……………………………………………………134
    ⑧ 相続税額・贈与税額との関係 ………………………………136
  (3) 不動産取得税（道府県税）への影響…………………………137
  (4) 不動産登記の登録免許税（国税）への影響…………………138
  (5) 空家、廃墟に対する課税………………………………………139
  (6) 地方財政に係る問題……………………………………………141
    ① 地方財政の財政収入の適正額とは …………………………141
    ② 地方財政上において未収の計上等の問題 …………………142
  (7) 国民健康保険料（税）の資産割………………………………143

第7　解　決　策

  (1) 閲覧・縦覧制度の拡充…………………………………………145
  (2) 市町村役場の担当者の専門性を高める………………………145
  (3) 税理士の専門的知識の向上……………………………………146
  (4) 固定資産の所有者の自己の所有財産に対する認識の向上………146
  (5) 制度の説明、周知徹底の充実…………………………………146
  (6) 制度としての見直し、簡素化…………………………………147

第8 添付資料について

（1）国（総務省）等としての取組み……………………………………149
（2）一般財団法人　資産評価システム研究センターの取組み………150

第1　固定資産税の課税誤りの実態

（1）固定資産税の課税の誤りのニュース

①　多い課税の誤りの実態

　固定資産税は、土地や家屋といった固定資産を所有している人に課税の負担を求める税金であることは広く知られています。その固定資産税の課税が誤っていた事件がニュースとなることは少なくありません。固定資産税の課税の誤りは、その性質上、連続した数年に渡り誤りのまま課税されており、とどのつまりが毎年の誤りの累積として過大な徴収金の問題として発覚することがあります。つまりこれは普段において潜在的に税額修正がなされないものも多く存在することをも意味しているといえます。この誤りは特定の納税義務者についてのみの場合もありますが、そもそも自治体が採用している固定資産税の税額計算までの技術的な方法が誤っていると特定の地域の全ての納税義務者に対して誤りの課税が存在する場合もあるということになります。

　1人の固定資産税の納税者の誤り　→　数年間に渡る課税の誤り
　税額計算の技術的誤り　→　特定地域全体の納税者の誤り

　また、この固定資産税の課税誤りのニュースは過大な徴収金が、状況に応じて5年、10年、20年分の還付金の返還であったり、消滅時効として返還されない税金として話題となることがあります。つまり返還される場合であっても返還の期限が区切られているために誤りによって納付した税額の全額が返還されない場合があります。また、固定資産税の誤りによる課

税がなされ、納税資金の負担ができず、結果として滞納処分によって家を失ったという被害も起きています。

　固定資産税の課税の誤りはこのように、納税義務者が税金を多く取られるといった過大徴収の問題もありますが、逆に徴収漏れの可能性もあります。固定資産税の徴収漏れはその自治体の財政収入を減らす行為ですから、結果として財政難の原因となりかねません。

```
過大徴収　→　納税者の資金繰りの悪化
　　　　　　（返還時：区市町村の利息の負担）

課税漏れ　→　自治体の財政収入の漏れ
　　　　　　（場合によっては広い地域で巨額）
```

② 具体的なニュース

過去に固定資産税の誤りについてニュースとなった例を簡単にいくつか取り上げてみると次のようなものがあります。

イ　浦和地裁判決（平成4年2月24日判決）

　この判決は埼玉県の八潮市が、住宅用地の特例を適用せずに固定資産税を賦課した処分について国家賠償法による国家賠償請求が認められたものです。これは、住宅用地については、強制的に固定資産税の減額の特例の適用があるにも関わらず、減額をせずに固定資産税を長年にわたり賦課していたもので、その過大徴収分について納税者が国家賠償請求の訴訟を起こした事件です。

　この判決は課税処分がなされたものにつき国家賠償請求が認められた最初の判決といわれています。それまで、地方団体の徴収金の過誤納により生ずる地方団体に対する請求権等は5年の消滅時効と考えられており、行政執行上もそのように取扱いがなされていました。それがこの裁判で、20年の国家賠償請求ができるとの地方裁判所の判決が出ました。

　八潮市が固定資産税の課税誤りが生じた責任を認めたため過徴収があったことを受け入れ、結果として上告をしませんでした。そこでこの判決が確定判決となりました。

　この判決の影響は、状況によっては最長で過大徴収された固定資産税については、最長で20年の返還請求が可能となったことです。この判決までは、過大徴収税額の返還は5年までというのが常識となっていましたので、この判決は画期的なものとなりました。

　そしてこの判決をきっかけとして、その後様々な地方団体において、「過徴収金の返還のマニュアルとしての要綱」を作成するようになってきました。この要綱の作成は課税ミスに対する迅速な対応をすべく手続きの整備をするようになってきたことを意味しています。

> 最長で20年の国家賠償請求の可能性！

ロ　最高裁判決（平成22年6月3日判決）
　この判決は地方税法上の審査請求、取消訴訟を経ることなく国家賠償請求できる場合があるとした判決です。これは愛知県の名古屋市の事件です。
　固定資産税の価格に不服がある場合には、一般的に不服申立制度を利用して、これにより解決できない場合には、課税処分の取消を求める訴えを提起できるとされています。これを不服申立前置主義といいます。これまでは、その不服申立である審査請求や取消訴訟によって賦課された税額が課題であるとの判断が下されることなくして、税額の返還はされないものと考えられていました。
　この判決は、課税処分の取消訴訟よりも先に不服申立制度を経るとした不服申立前置主義とは別の次元で裁判を行った上での判決となっています。つまりこの判決は、行政側の見直しではなく、納税者の権利の救済を行う必要がある場合には、不服申立てである審査請求や課税処分の取消訴訟の判決無くしても、国家賠償法の適用による国家賠償請求ができることを示す判決となりました。

> 事前に不服申し立てしなくても国家賠償請求ができる可能性！

ハ　平成25年の新座市による公売の原因となった課税ミス
　これは、固定資産税の課税誤りにより不動産の所有者がその土地及び家屋を失ったことを発端にした事件です。埼玉県の新座市が20年超にわ

たり、住宅の特例を適用せずに固定資産税の課税ミスをし続けた状況がありました。これに対しその不動産の所有者は、その土地及び家屋の固定資産税の滞納額とされた金額及びそれに伴う延滞金を支払えず、滞納処分による公売により土地及び家屋を失ってしまいました。この件で調査を新座市が行った結果、地域的に固定資産税の過大な徴収がされていたというミスが判明したものです。

新座市の謝罪とともに20年分の固定資産税及び延滞税の返還が行われました。しかし20年を超える部分の固定資産税の課税ミスの税額の返還がなされることはありませんでした。

この事件では、20年の時効（除斥期間）が固定資産税の課税ミスによる被害者の救済としての限界を示したものといえます。特定の地域において全体として生じた課税ミスと公売が行われたことにより不動産の所有権も回復することがないといった問題を浮き彫りにすることになりました。

> 誤った課税で家を失う可能性も！

ニ　平成28年栃木県那須町議会での課税漏れ問題

これは、栃木県の那須町の町議会で固定資産税の課税漏れが明らかになったものです。那須町で建物に課される固定資産税のうち、課税漏れが2007年度からの10年間に約2,700件、税額にして約4,000万円近くに上ることがわかりました。町議会では、固定資産税の課税漏れについての具体的な内容を明らかにしただけではなく、その固定資産税賦課漏れ対応について、その責任と過年度徴収について議論がなされています。町議会ですから公開されており、その内容については「なすまち議会だより」にも掲載され、明らかにされています。

まさに固定資産税の課税ミスによる地方財政の圧迫が浮き彫りになった一例といえます。

　固定資産税の課税漏れ自体は大きな問題ですが、その問題の内容や課税団体である町のトップである町長の責任、問題の対策や今後の取り組みについて、議会で議論し決定を行うことは大変に意義のあることだと思います。議会は、地方選挙で市民の代表者として選ばれた議員で公表されているわけですから、固定資産税の課税問題の内容が大きいものであれば、当然にその問題を公表し、責任と対策を議論すべきである本来の議会の姿をこの那須町議会で観ることができたといえます。

> 課税漏れで町の財政が大幅減に！

（2）総務省による状況調査

　総務省が平成24年に実施し、発表した「固定資産税及び都市計画税に係る税額修正の状況調査結果」があります。大まかな調査の対象は次のとおりです。
① 　土地・家屋に係るものであること
② 　平成21年度、22年度及び23年度におけるものであること
③ 　各市町村が課税誤り等により税額を増額又は減額修正した納税義務者数
④ 　調査回答団体数1,592市町村
　　　（参考：課税団体は東京都＋1,719市町村）

　その結果、税額修正した納税義務者が1人以上あった市町村は調査回答団体のうち97％でした。また、納税義務者総数に占める修正者数割合は0.2％でした。
　税額修正の要因で最も多かったのは、土地、家屋ともに「評価額の修正」で、いずれも約30％を占めています。評価額の修正の原因となったのは、電算システムのデータ入力誤り、プログラムミス、評価基準の適用誤り等です。
　なお、この調査結果はあくまでも固定資産税の課税の誤りの発生件数ではありません。税額の修正がなされたもののみの状況調査の結果です。つまりこの調査で明らかになったもの以外にも潜在的に税額の誤り、言い換えれば固定資産税の課税の誤りは多く存在している可能性があるといえます。
　3年間に税額修正を行ったことがあるという自治体の割合が97％であるということは、固定資産税の課税の誤りを修正するための体制が表面上において出来ているという見方もあります。

それよりも課税の誤りの発生件数が問題だと思います。この３年間で税額修正の対象となった納税者の数は延べ人数で土地については170,404人、家屋については219,613人、土地家屋合計で390,017人となっています。そしてその３年間の納税義務者の延べ人数に対する修正の割合が0.2％ということです。前にも述べたとおりここでの数字はあくまでも税額が正しく修正がなされた数字です。

３年間で１度でも誤りを修正したことのある自治体の割合　→　97％
３年間で税額修正の対象となった納税義務者　→　40万人弱（0.2％）

（3）潜在的な問題点

　3年間に税額修正をしたことのある自治体が97％ということはある意味良い評価ができるかもしれません。これは97％の自治体が誤りに対して税額を正しく直した行政手続きを実施しているということです。

　人間がすることであれ、機械がすることであれ何かしらの手続きに間違いが生じることは付き物です。全てに完璧な状況ということはあり得ないとも言えるでしょう。むしろ全く誤りが無いという報告や情報の方が疑いたくなったり不安になることもあります。

　確かに3年間で修正された件数が約40万件ということは、細かい誤りの内容に質的な問題はともかくとして、量的な問題として件数的に多いと感じると思います。一度賦課した課税に修正がなされることなく、仮に固定資産税の課税における固定資産税の評価額や課税標準額に誤りがあったとしても、納税通知書を納税義務者に送付する前に修正されなければなりません。

　ただ、3年間で修正された件数が約40万件ということは、修正されていない固定資産税の課税の誤りが存在していることを伺わせます。また、修正されていない固定資産税の課税の誤りには、「誤りが把握されながらも未だ修正されていないもの」や「未だ把握されていない課税の誤り」の2通りのものがあると考えられます。つまり、潜在的な修正すべき課税の誤りが多数存在することが予想されます。

① 誤りが把握されているもの

「誤りが把握されながらも未だ修正されていないもの」は行政手続き上でも早急に対処すべき問題だと思います。これについては、地方税法にも固定資産税の課税の誤りを把握した区市町村長はその誤りに対して是正義務が規定してあります。

実務的には区市町村長から権限を委譲されている公務員である課税団体職員は、早急にその課税の誤りを是正する事務手続きを取らなければなりません。課税の誤りを知りながら何らアクションを起こさないということは、公務員の任務懈怠であり許されません。

② 誤りが把握されていないもの

「誤りが把握されながらも未だ修正されていないもの」の中には課税団体としての区市町村はなんとなく感じているものも存在していると思います。これについては、積極的に調査する必要があります。その区市町村の一部地域の複数物件や全部の地域に影響があるかもしれません。また、土地や家屋といった固定資産の所有者は、自己が所有している固定資産に課税されている固定資産税に何らかの疑問を感じたならば、課税団体の区市町村に問い合わせをするということが大切です。

③ 固定資産の管理の重要性

固定資産税の納税義務者にとって固定資産税の管理は自己の財産を守るという点で重要といえます。そして、課税団体である区市町村にとっても適正な課税は義務であり、地方財政の適正化を図る上でも重要な要素であるといえるでしょう。固定資産税の納税義務者にとっても、課税団体にとっても固定資産税の課税の誤りについては無関心ではいられない問題です。

固定資産税の課税誤りが顕在的に多く存在し修正されているという事実

も問題ですが、むしろ、潜在的な修正すべき課税の誤りが多数存在することが大問題なのかもしれません。

> 問題は
> 「誤りが把握されながらも未だ修正されていないもの」
> 「未だ把握されていない課税の誤り」

報道資料

総務省
平成24年8月28日

固定資産税及び都市計画税に係る税額修正の状況調査結果

> 総務省では、平成21年度から平成23年度における土地・家屋に係る固定資産税及び都市計画税の課税誤り等による税額修正の状況について調査を行い、結果を取りまとめました。

自治税務局固定資産税課調べ

第1 固定資産税の課税誤りの実態 13

固定資産税及び都市計画税に係る税額修正の状況調査結果

1．調査内容

　平成21年度、22年度及び23年度（平成24年1月1日まで）における土地・家屋に係る固定資産税及び都市計画税について、各市町村が課税誤り等により税額を増額又は減額修正した件数（納税義務者数）を調査した。

　調査回答団体数は、1,592市町村で、岩手県、宮城県及び福島県内の市町村は調査対象外としている。また、東京都のうち特別区の区域（都が課税）については回答を得られなかった。なお、平成24年1月30日現在の固定資産税の課税団体数は東京都及び1,719市町村となっている。

　今回の調査により、税額修正の要因については多岐にわたっていることが把握できたが（後掲2．（4）参照）、さらに各要因において税額修正を生じることとなった原因には、多様なものがあると考えられる（例えば「評価額の修正」の場合であっても、その原因には電算システムのデータ入力誤りやプログラムミスのようなものから、評価基準の適用誤り等まで様々なものが考えられる）。今回の調査結果を踏まえつつ、こうした原因について実態を把握し、課税誤りを防止するために有効な方策について今後検討していく。

2．調査結果

（1）税額修正団体数

　調査対象期間（平成21年度～平成23年度）の間に、税額修正した納税義務者数が1人以上あった市町村は、調査回答団体のうち97.0％となっている。

年度	税額修正団体数	団体数割合
平成21年度	1,483団体	93.2％
平成22年度	1,485団体	93.3％
平成23年度	1,484団体	93.2％
累計	1,544団体	97.0％

※団体数割合 ＝ 各年度の税額修正団体数 ／ 調査回答団体数

（2）納税義務者総数に占める修正者数割合

　納税義務者総数に占める税額修正のあった人数の割合は、調査対象期間の平均で土地は0.2％、家屋は0.2％となっている。

年度	土地			家屋		
	修正者数／納税義務者数		修正割合	修正者数／納税義務者数		修正割合
平成21年度	76,613人／28,991,554人		0.3％	118,570人／32,644,343人		0.4％
平成22年度	49,042人／29,184,470人		0.2％	56,407人／32,904,180人		0.2％
平成23年度	44,749人／29,307,753人		0.2％	44,636人／33,222,534人		0.1％
平均	―		0.2％	―		0.2％

※各年度の納税義務者数は、総務省「固定資産の価格等の概要調書」による、調査回答団体の法定免税点以上の者の人数。

(3) 増額修正及び減額修正の割合
　税額修正したもののうち、土地については、増額修正が32.0%、減額修正が68.0%、家屋については、増額修正が40.5%、減額修正が59.5%となっている。

年度	土地		家屋	
	増額修正	減額修正	増額修正	減額修正
平成21年度	27.5% (0.1%)	72.5% (0.2%)	28.7% (0.1%)	71.3% (0.3%)
平成22年度	29.2% (0.0%)	70.8% (0.1%)	44.3% (0.1%)	55.7% (0.1%)
平成23年度	39.4% (0.1%)	60.6% (0.1%)	48.4% (0.1%)	51.6% (0.1%)
平均	32.0% (0.1%)	68.0% (0.1%)	40.5% (0.1%)	59.5% (0.1%)

※（　）内は納税義務者数全体に占める割合である。増額修正と減額修正の計は、端数処理のため（2）の修正割合と一致しない場合がある。

(4) 税額修正の要因
　税額修正の要因別では、土地については、評価額の修正が29.9%、負担調整措置・特例措置の適用の修正が22.9%、現況地目の修正が15.8%などとなっている。
　家屋については、評価額の修正が29.7%、家屋滅失の未反映が23.6%、新増築家屋の未反映が20.6%などとなっている。

	土地	家屋
①課税・非課税認定の修正	7.5%	1.4%
②新増築家屋の未反映	－	20.6%
③家屋滅失の未反映	－	23.6%
④現況地目の修正	15.8%	－
⑤課税地積・床面積の修正	3.1%	2.9%
⑥評価額の修正	29.9%	29.7%
⑦負担調整措置・特例措置の適用の修正	22.9%	1.9%
⑧納税義務者の修正	15.2%	13.4%
⑨その他	5.6%	6.4%

第2　固定資産税制度

　固定資産税はそもそもどのような税制なのかについて、「課税する側」と「課税される側」という視点をスタートにその全体像を見ていきたいと思います。

（1）課税の根拠

①　課税における日本国憲法

　日本は法治国家です。法治国家では法律に基づいて政治が行われますので、税金の課税や徴収も法律に基づいて行われることになります。その税金に関する法律が「税法」です。日本における法律の最高に位置するのは日本国憲法ですが、日本国憲法において税金については納税や租税として明文があります。

　まず、日本国憲法では第30条において「納税の義務」を規定しています。

> **憲法第30条**
> 　国民は、法律の定めるところにより、納税の義務を負ふ。

　これは、「教育の義務」、「勤労の義務」とともに「納税の義務」として、我が国日本における三大義務の一つと言われるものです。国民は納税の義務を負っているものの、その納税の義務は、「法律の定めるところ」によるものであって、言い換えると「法律の定め」に無い納税はあり得ない、あってはいけないということになります。そのために、納税の根拠となる法律としての条文が必要ということになります。仮に「法律の定め」に無い納税を強要されるようなことがあった場合には、憲法違反ということに

なります。つまり、納税のために法律が必要ということになります。

また、税制の新設や税制改正についても憲法第84条に規定があります。

> **憲法第84条**
> あらたに租税を課し、又は現行の租税を変更するには、法律又は法律の定める条件によることを必要とする。

これは、新たな租税による課税をする場合には法律を作らなければならないし、租税を変更するには法律の定めによって改正されなければならないということを意味します。つまり、新設の租税であっても、税制改正であっても法律に従って行われなければならないということを示しています。これらのように租税については法律に従わなければならないという方針を「租税法律主義」といいます。我が国はこの「租税法律主義」に則って、租税の法律である税法を設けて、課税及び納税を取り決め、その法律である税法は、国の立法機関である国会の承認決議を経て実行されるということになります。

また、日本国憲法においては国民に財産権を認めており、財産権の侵害は憲法違反ということになります。ですから税金を課すということは何でも法律を作りさえすれば良いというわけではなく、この財産権を意識して税法を定めなければならないということになります。

> **憲法第29条**
> 財産権は、これを侵してはならない。
> 2　財産権の内容は、公共の福祉に適合するやうに、法律でこれを定める。
> 3　私有財産は、正当な補償の下に、これを公共のために用ひることができる。

さらに、日本国憲法は我が国における最高法規ですから、日本国憲法に違反する法律は認められないし、当然に税法も日本国憲法に従うということになります。そして、行政を司る公務員は日本国憲法を守る義務がありますから、法律に定められていない課税を行うことはできないということになります。

> **憲法第98条**
> 　この憲法は、国の最高法規であつて、その条規に反する法律、命令、詔勅及び国務に関するその他の行為の全部又は一部は、その効力を有しない。
> 2　日本国が締結した条約及び確立された国際法規は、これを誠実に遵守することを必要とする。
>
> **憲法第99条**
> 　天皇又は摂政及び国務大臣、国会議員、裁判官その他の公務員は、この憲法を尊重し擁護する義務を負ふ。

② 地方税の課税

先に述べたように日本国憲法により、税法は国の立法機関である国会により作られます。これは、国税に関する法律のみならず地方税についても同じです。地方税については、基本的に地方税法として設けられており、その地方税法の改正についても国会で決められるということになります。

ただし、日本国憲法には、地方自治体の課税権についての明文の規定が存在していません。ここで問題となるのは、国会で制定した地方税法を国の機関である中央政府が実行に移すのは困難であると言うことです。そこで地方税の課税権については、日本国憲法の第8章の地方自治の明文で抽象的ではあるものの課税権を認めていると考えるようです。その上で、地方税法を設け、地方団体が地方税法に定めるところにより地方税を賦課徴収することができるとして、地方団体の課税権を認めています。

憲法第92条
　　地方公共団体の組織及び運営に関する事項は、地方自治の本旨に基いて、法律でこれを定める。

憲法第94条
　　地方公共団体は、その財産を管理し、事務を処理し、及び行政を執行する権能を有し、法律の範囲内で条例を制定することができる。

地方税法第2条
　　地方団体は、この法律の定めるところによつて、地方税を賦課徴収することができる。

憲法第92条は地方公共団体の組織及び運営については法律で定めるとし

ながら、第94条で、地方公共団体が具体的な財産管理、事務処理、行政執行については法律の範囲内で条例を制定することを認めています。

　地方税法は、国税と同様に地方税の細かい事務手続きについても規定しています。しかしながら、地方税法はその中でそれぞれの地方公共団体の状況に応じて柔軟に課税を行うことができるように幅を設けてあり、その法律で決められている幅の範囲内で、具体的な適用する手続等について各地方公共団体が決めることができるようにしています。その各地方公共団体では、その細かい点について条例によって決めることになるわけですが、これも法律の範囲内で決められることになります。

　条例は、地方公共団体の議会で決議を経て制定されることになります。また、地方議会の議員は住民の直接選挙で選ばれています。このように条例は地方公共団体の議会で決議されるため公表されるものですが、あまり住民が直接目に触れることも少ないような気がします。それは条例が多岐であり大量に存在していることが原因でしょう。

憲法第93条

　　地方公共団体には、法律の定めるところにより、その議事機関として議会を設置する。

2　地方公共団体の長、その議会の議員及び法律の定めるその他の吏員は、その地方公共団体の住民が、直接これを選挙する。

地方税法第3条

　　地方団体は、その地方税の税目、課税客体、課税標準、税率その他賦課徴収について定をするには、当該地方団体の条例によらなければならない。

2　地方団体の長は、前項の条例の実施のための手続その他その施行について必要な事項を規則で定めることができる。

地方税法第3条の2

　地方団体の長は、この法律で定めるその権限の一部を、当該地方団体の条例の定めるところによつて、地方自治法（昭和二十二年法律第六十七号）第百五十五条第一項の規定によつて設ける支庁若しくは地方事務所、同法第二百五十二条の二十第一項の規定によつて設ける市の区の事務所、同法第二百五十二条の二十の二第一項の規定によつて設ける市の総合区の事務所又は同法第百五十六条第一項の規定によつて条例で設ける税務に関する事務所の長に委任することができる。

③　固定資産税の課税権と性格

　固定資産税は、地方税法の定めるところにより市町村に課税権を認められている市町村税です。固定資産税の性格は普通税の直接税です。

イ　市町村税

　税金は課税主体によって大きく国税と地方税に分かれます。さらに地方税は都道府県税と市町村税に分かれますが、固定資産税は地方税のうちの市町村税に分類されます。

　ただ、東京都の特別区である23区については、東京都が課税権を有する都税となっており、また一定の大規模の償却資産については、都道府県が課税権を有する都道府県税となっています。

ロ　普通税

　税金はその使途が事前に特定されていない普通税と特定されている目的税とに分けることができます。固定資産税は、普通税に分類されます。普通税は、一般税と表現されることもあります。

ちなみに固定資産税とともに特定の地域にのみ課税がなされる都市計画税は、「都市計画法に基づいて行う都市計画事業又は土地区画整理法に基づいて行う土地区画整理事業に要する費用に充てるため」と地方税法で使途が特定されていますので目的税となります。

ハ　直接税
　税金は、税を負担する人が直接的に納税をする方法を採用しているか、間接的に納税をする方法を採用しているかによって直接税と間接税に分けられます。固定資産税は、固定資産の所有者が税を負担する人であり、かつ、納税を行う人であることから直接税に該当します。
　土地や家屋の賃貸借の契約において、借主が、貸主の固定資産税相当額を負担する賃料の取り決めを行うといった取引慣行がありますが、この場合でも固定資産税の納税の義務を負う者は、あくまでも固定資産の所有者ということになるので間接税には該当せず直接税ということになります。
　また、土地や家屋を売却した場合に、売買契約においてその不動産の買い手が売り手の固定資産税の全額又は期間按分した額を負担するといった取引慣行がありますが、この場合も、固定資産税が毎年1月1日に固定資産を所有している者に対して納税の義務を負わせていることから、あくまでも固定資産の所有者は売り手であり間接税には該当せず直接税ということになります。

地方税法第5条
　　市町村税は、普通税及び目的税とする。
2　市町村は、普通税として、次に掲げるものを課するものとする。ただし、徴収に要すべき経費が徴収すべき税額に比して多額であると認められるものその他特別の事情があるものについては、この限

りでない。
- 一　市町村民税
- 二　固定資産税
- 三　軽自動車税
- 四　市町村たばこ税
- 五　鉱産税
- 六　特別土地保有税

3　市町村は、前項に掲げるものを除く外、別に税目を起して、普通税を課することができる。

4　鉱泉浴場所在の市町村は、目的税として、入湯税を課するものとする。

5　指定都市等（第七百一条の三十一第一項第一号の指定都市等をいう。）は、目的税として、事業所税を課するものとする。

6　市町村は、前二項に規定するものを除くほか、目的税として、次に掲げるものを課することができる。
- 一　都市計画税
- 二　水利地益税
- 三　共同施設税
- 四　宅地開発税
- 五　国民健康保険税

7　市町村は、第四項及び第五項に規定するもの並びに前項各号に掲げるものを除くほか、別に税目を起こして、目的税を課することができる。

④ 特別な課税

　仮に一の地方公共団体のみに適用される特別法を設けようとした場合、法律なので国会で制定することになりますが、その前提条件として、その地方公共団体の住民による投票で過半数の同意を求めています。このことを税金の世界で考えてみると、地方公共団体は勝手に法律に無い租税の課税をすることはできませんが、現時点で存在している法律の範囲内であれば条例で独自に決めることができるということになります。

　普通税と目的税について、地方税法に都道府県や市町村が別に税目を起こして税を課することができる権利が明文化されていますので条例で独自の課税が認められています。このように地方公共団体が独自に課する税のことを法定外普通税、法定外目的税といい、これらを合わせて法定外税といいますが、決して法律にない課税をできるという意味ではありません。

　ただ、この場合であっても、無制限に地方団体が独自に別な税目を起こして課税できるわけではないということに注意が必要です。例えば財産権が侵害されるような課税は憲法違反に該当するからです。

⑤ 固定資産税の税収の現状

平成26年度決算額において、国税の税収は58兆円弱に対して地方税の税収は37兆円弱です。地方税のうち道府県税の税収が16兆円弱で市町村税が21兆円強です。市町村税のうち固定資産税の税収は8兆円超の86,752億円で、市町村税の税収の41.1％を占めています。さらに固定資産税の内訳は土地33,820億円（16.0％）、家屋37,458億円（17.8％）、償却資産15,474億円（7.3％）となっています。これから固定資産税における市町村の財政を支える上での税収の重要性が伺えます。

国税　　578,492億円
地方税　367,855億円（道府県税156,835億円　市町村税211,020億円）
　　　　　　　　　　　　　　　　　　　　　　　↓41.1％
　　　　　　　　　　　　　　　　うち　固定資産税86,752億円

固定資産税の税収は平成11年度をピークに若干の減少傾向にありますが、上下の変動を繰り返しながらほぼ横ばいの傾向の状況にあります。

(2) 固定資産税の沿革

　固定資産税は、いわゆるシャウプ勧告を取り入れた第二次世界大戦後の昭和25年（1950年）税制の抜本的改革の一つとして創設された税制です。

　第二次世界大戦直後の日本の課税や徴税は、安定性・安全性を欠くものであったことから日本における長期的・安定的な税制と税務行政の確立を図るため、連合国最高司令官ダグラス・マッカーサーの要請により昭和24年（1949年）にシャウプ使節団が来日しました。シャウプ使節団は、当時コロンビア大学、商学部教授兼政治学部大学院教授であったカール・S・シャウプ氏を団長とした税制使節団です。

　シャウプ使節団は、日本における恒久的な租税制度を立案することをその主要な目的としており、北海道から九州までの日本全土にまたがる実地調査を行った上で報告書を作成し、その内容は勧告という形で行われたのでシャウプ勧告（書）と表現されます。

　シャウプ勧告では、全ての納税者が記帳を励行し、公平に関連するかなり複雑な問題を慎重に取り扱うことを勧告すると同時に、小規模な納税者には、申告及び納税の手続きを簡単なものにするように勧告するものとなっています。

　この勧告書の基本原則は昭和25年の税制改正に反映され、直接税である所得税や法人税の課税を中心として税制が整えられることとなりました。

　また、申告納税制度を支えるべく記帳推進制度としての青色申告制度や、容易で確実な納付のための納税貯蓄組合制度も導入されることとなりました。このようにして日本の民主化のために健全な税制とその実施を図る必要がありました。

　地方税についても日本を民主国家にしようとすれば地方政府を強化する必要があるとして、この目的のために都道府県や市町村といった地方公共団体により大きな財政的な自立、つまり独自のより強力な課税権を与える

必要がありました。

　その中で、土地、家屋及び償却資産といった固定資産を保有していることと市町村が提供するサービスとの間に存在する受益関係から、応益負担の原則の基づいてその固定資産の価値に応じた所有者に対する財産税としての課税として固定資産税が設けられたということになります。固定資産税は、全ての市町村に広く存在している固定資産を税金の課税対象である課税客体としています。その点で、税源の偏りが小さく市町村税としてふさわしいとされているようです。

　日本人として連合国最高司令官ダグラス・マッカーサーやシャウプ税制使節団長の当時の日本に対する民主化や税制に対する思い入れについては感謝すべきものと思います。私は青色申告会の全国の副会長時代にシャウプ博士の日本に対する生の声と姿をビデオで見たことがあります。その際にシャウプ博士のメッセージで日本に対する熱い思いを感じとることができました。そして、今現在においても、ダグラス・マッカーサーやシャウプ博士の考えは、民主的国家における税制や税制改正に必要な考えだと思います。

（3）地方税の用語と東京都の取扱い

① 独特な用語

地方税は都道府県や市町村が課税をする税金ですが、地方税法の中では道府県又は市町村を地方団体という表現をしています。地方団体は、一般的には地方公共団体とか地方自治体と言われることもあります。

また、地方団体の職員は地方公務員ですが、地方税法上では課税担当の職員である道府県職員や市町村職員のことを徴税吏員としています。

これ以外にも地方税法においては国税では用いない、あまり一般的でない、独特な表現をする用語がいくつもあります。

地方税法第1条（一部抜粋）

　この法律において、次の各号に掲げる用語の意義は、当該各号に定めるところによる。
一　地方団体　道府県又は市町村をいう。
二　地方団体の長　道府県知事又は市町村長をいう。
三　徴税吏員　道府県知事若しくはその委任を受けた道府県職員又は市町村長若しくはその委任を受けた市町村職員をいう。
四　地方税　道府県税又は市町村税をいう。

---

② 東京都の取扱い

地方税法では東京都や東京都内の特別区（23区）は特別な取扱いになっています。地方税法においては地方団体は、道府県又は市町村、地方団体の長は道府県知事又は市町村長といったように東京都以外で表現されています。

東京都については特別な取扱いとなっており地方税法の中では道府県に

関する規定は都に、市町村に関する規定は特別区に準用することになっています。結果として、地方税は、都道府県又は区（特別区）市町村において課される税金であるということになります。

「道府県」、「道府県税」、「道府県知事」又は「道府県職員」とあるのは、それぞれ「都」、「都税」、「都知事」又は「都職員」と、「市町村」、「市町村税」、「市町村長」又は「市町村職員」とあるのは、それぞれ「特別区」、「特別区税」、「特別区長」又は「特別区職員」として取り扱われることになります。

地方税法第１条（一部抜粋）

２　この法律中道府県に関する規定は都に、市町村に関する規定は特別区に準用する。この場合においては、「道府県」、「道府県税」、「道府県民税」、「道府県たばこ税」、「道府県知事」又は「道府県職員」とあるのは、それぞれ「都」、「都税」、「都民税」、「都たばこ税」、「都知事」又は「都職員」と、「市町村」、「市町村税」、「市町村民税」、「市町村たばこ税」、「市町村長」又は「市町村職員」とあるのは、それぞれ「特別区」、「特別区税」、「特別区民税」、「特別区たばこ税」、「特別区長」又は「特別区職員」と読み替えるものとする。

３　都の市町村及び特別区に対するこの法律の適用については、「道府県知事」とあるのは、「都知事」と読み替えるものとする。

（4）固定資産税の概要

　租税を課するには誰が、誰に対して、どのようなものに対して課税をするかといった課税のための一定の要件が必要となります。また、課税の標準となる金額その他の数値やその標準に対して適用をする税率その他の要件を決める必要があります。

①　課税客体

　課税客体は、税金の課税対象となる物、行為又は事業その他の事実のことをいいます。課税客体は、課税物件と表現されることもあります。
　固定資産税の課税客体は、土地、家屋及び償却資産の固定資産です。

地方税法第342条

　　固定資産税は、固定資産に対し、当該固定資産所在の市町村において課する。
2　償却資産のうち船舶、車両その他これらに類する物件については、第三百八十九条第一項第一号の規定の適用がある場合を除き、その主たる定けい場又は定置場所在の市町村を前項の市町村とし、船舶についてその主たる定けい場が不明である場合においては、定けい場所在の市町村で船籍港があるものを主たる定けい場所在の市町村とみなす。
3　償却資産に係る売買があつた場合において売主が当該償却資産の所有権を留保しているときは、固定資産税の賦課徴収については、当該償却資産は、売主及び買主の共有物とみなす。

イ　土地

　固定資産税における土地とは、田、畑、宅地、塩田、鉱泉地、池沼、山林、牧場、原野その他の土地をいうものとされています。

ロ　家屋

　固定資産税における家屋とは、住家、店舗、工場（発電所及び変電所を含む。）、倉庫その他の建物をいうものとされています。

ハ　償却資産
　(イ)　事業の用

　　　固定資産税の課税客体となる償却資産とは、土地及び家屋以外の事業の用に供することができる有形の減価償却資産です。したがって、鉱業権、漁業権、特許権その他の無形減価償却資産は除かれることになります。

　　　事業の用に供することができる有形減価償却資産なので、その減価償却費が法人税法又は所得税法の規定による所得の計算上、損金又は必要経費に算入されるものになります。

　　　ただ、現実に必ずしも所得の計算上損金又は必要経費に算入されていることは要しないのであって、資産の性質上損金又は必要経費に算入されるべきものであれば足りるものであることとされています。つまり、極端なことを言えば法人税法や所得税法に従わない処理をしていた有形減価償却資産があったとしても固定資産税においては償却資産として課税の対象となるということです。

　　　逆に、事業の用に供しない減価償却資産は固定資産税の課税対象とはなりません。ここで「事業の用に供することができる」という表現は、あくまでも「事業の用に供する」ことが前提なので、「できる」資産が総て課税の対象となるわけではありません。法人の場合は全て

の減価償却資産が固定資産税の課税対象に該当しますが、個人事業の場合は、事業者が所有している資産であっても事業と関係なく所有している資産については課税の対象から除外されるということです。例えば、電気機器を販売している個人事業者が、単に自分の家庭で利用している家電製品を所有していたとしても、その家電製品は固定資産税の課税対象とはならないので注意が必要です。

(ロ)　牛馬、果樹等の除外

　法人税法や所得税法においては牛、馬、果樹その他の生物についても有形減価償却資産（棚卸資産となるものを除きます。）に該当します。しかしながら、牛、馬、果樹その他の生物については、これらの資産の性格にかんがみ、固定資産税の課税客体とはしないものとして取り扱われています。だだ、地方団体によっては、観賞用、興行用その他これに準ずる用に供される場合には、「工具、器具、備品」に分類され課税の対象となっています。なお、資産の性格から固定資産税については非課税とされています。ただし、資産の性格のその内容については明らかにされていないようです。

(ハ)　少額減価償却資産と一括償却資産の除外

　取得価額が少額である資産その他の政令で定める資産について、固定資産税の課税対象から除かれています。具体的には法人税法や所得税法において少額減価償却資産や一括償却資産として取り扱われるものについて課税の対象外となっています。

①　少額減価償却資産

　少額減価償却資産は、使用可能期間が1年未満又は取得価額が10万円未満の資産で、消耗品費その他の費用勘定で処理されたもので法人税法又は所得税法の規定による所得の計算上、損金又は必要経費に算

入されるものになります。
　ロ　一括償却資産
　一括償却資産は、取得価額が20万円未満の資産で、事業年度又はその年毎に一括して３年間均等償却を行うことにより法人税法又は所得税法の規定による所得の計算上、損金又は必要経費に算入されるものになります。
　いずれも、資産としての重要性の低さから一時で費用処理がなされていたり、簡易的な償却計算が認められているものということになります。

```
・　少額減価償却資産  ）　いずれも
・　一括償却資産　　　）　固定資産税の課税対象外
```

　㈡　自動車の取扱い
　自動車は、車両運搬具と表現されます。車両運搬具は有形減価償却資産に該当するものですが、自動車税の課税客体である自動車並びに軽自動車税の課税客体である原動機付自転車、軽自動車、小型特殊自動車及び二輪の小型自動車は償却資産税の対象から除くものとされています。
　自動車税は自動車の所有者に対して都道府県が課する税金です。軽自動車税は軽自動車の所有者に対して市町村が課する税金です。自動車税も軽自動車税も自動車の資産としての価値に着目して課税が行われています。固定資産税も自動車税・軽自動車税もその財産価値に対する課税であることから、二重課税を生じさせないため自動車税や軽自動車税の課税対象となっている自動車については、固定資産税を課さないことにしています。

なお、車両運搬具でも自動車税や軽自動車税の課税対象となっていないものについては、償却資産税の対象になります。

例えば、製造業の工場で稼働しているフォークリフトがあります。小型特殊自動車に該当するフォークリフトは軽自動車税の課税対象ですが、大型特殊自動車に該当するフォークリフトは固定資産税の課税対象となります。

車両運搬具（自動車） ➡ 固定資産税 / 自動車税 / 軽自動車税 ｝ いずれか1つの課税対象

地方税法第341条

　固定資産税について、次の各号に掲げる用語の意義は、それぞれ当該各号に定めるところによる。

一　固定資産　土地、家屋及び償却資産を総称する。

二　土地　田、畑、宅地、塩田、鉱泉地、池沼、山林、牧場、原野その他の土地をいう。

三　家屋　住家、店舗、工場（発電所及び変電所を含む。）、倉庫その他の建物をいう。

四　償却資産　土地及び家屋以外の事業の用に供することができる資産（鉱業権、漁業権、特許権その他の無形減価償却資産を除く。）でその減価償却額又は減価償却費が法人税法又は所得税法の規定による所得の計算上損金又は必要な経費に算入されるもののうちその取得価額が少額である資産その他の政令で定める資産以外のもの（これに類する資産で法人税又は所得税を課されない者が所有するものを含む。）をいう。ただし、自動車税の課税客体であ

> る自動車並びに軽自動車税の課税客体である原動機付自転車、軽自動車、小型特殊自動車及び二輪の小型自動車を除くものとする。

② 課税主体

課税主体は、法律や法律に基づいた条例に定められた課税権により国民や住民に対して租税を課し、徴税を行う国や地方公共団体のことです。地方公共団体は、地方団体とか地方自治体とかという表現をすることもあります。地方公共団体としては、都道府県、市町村、東京都内23区の特別区があります。課税主体は課税団体と表現されることもあります。

固定資産税の課税主体は、固定資産が所在する全ての市町村です。日本の首都である東京都についても市町村が課税主体ですが、特別区である23区については東京都が課税主体となっています。なお、政令指定都市については、原則通り、その政令指定都市である市が課税主体となります。

ただし、価格が一定の金額以上の大規模償却資産とされる償却資産については各都道府県が固定資産税の課税主体となるものもあります。

〔課税主体〕
  通常……………………市町村
  東京都特別区（23区）……東京都
  一定の大規模償却資産……都道府県

③ 納税義務者

納税義務者とは、法律に基づいて税金を納める義務があると定められた者で個人の場合もあれば法人の場合もあります。状況によって納税者と表現されることがあります。

納税義務者は税金の負担者と一致している場合もありますが、税金の種類によっては必ずしも納税義務者と税金の負担者は一致しているとは限りません。

　固定資産税の納税義務者は、納税義務者としての判定の時期（賦課期日）である時点での固定資産の所有者です。

　イ　土地又は家屋の所有者

　固定資産税の所有者とは、土地又は家屋については、法務局に備え付けられている登記簿又は各市町村に備え付けられている土地補充課税台帳若しくは家屋補充課税台帳に所有者として登記又は登録されている者をいうものとされています。土地又は家屋については、登記簿謄本の内容から各市町村が作成し備え付けている土地課税台帳及び家屋課税台帳へ転記（登録）されます。したがって、実務上の土地又は家屋の固定資産税の納税義務者としての所有者は、土地課税台帳、家屋課税台帳、土地補充課税台帳、家屋補充課税台帳に所有者として登録されている者ということになります。土地課税台帳、家屋課税台帳、土地補充課税台帳、家屋補充課税台帳はいずれも固定資産課税台帳と呼ばれるものです。

```
【固定資産課税台帳】　→　（土地課税台帳・土地補充課税台帳）
　　　　　　　　　　　　　（家屋課税台帳・家屋補充課税台帳）
　　　　　　　　　　　　　　所有者　として登録
　　　　　　　　　　　　　　　　↑
　　　　　　　　　　　　　固定資産税の納税義務者
```

ロ　所有者が異なる場合

　固定資産税の課税は本質的に固定資産の所有者を納税義務者とすることですが、この固定資産の所有者を形式的に固定資産課税台帳に登録されている者を固定資産の所有者としています。

　実際の固定資産の所有者と登録されている固定資産の所有者とが異なっていたとしても、固定資産課税台帳に登録されている固定資産の所有者が固定資産税の納税義務者として認識され、手続きが行われるということになります。ですから、固定資産課税台帳に登録されている固定資産の所有者が事実と異なる場合には、適正な固定資産税の課税の実施のために修正されなければならないということがいえます。

　例えば、不動産を譲渡したり、購入したり、相続で取得したり等の実質的に所有者の変更があった場合に、固定資産税課税台帳における所有者が変更されていなければ、実質的な所有者が固定資産税の納税義務者として認識されないということになります。

固定資産税の納税義務者　→　固定資産税課税台帳の所有者
　　　　　　　　　　　　　　（実質的な所有者が違っていても）

　なお、固定資産税については、形式的には納税義務者と税金の負担者は一致しています。不動産の貸借の契約によっては借主が貸主の固定資産税を負担するといった取引の慣行があります。ただ、この場合であったとしても納税義務者は、あくまでも固定資産を所有している貸主であり、借主が納税義務者となることはありません。

ハ　区分所有に係る家屋

　分譲マンションのような土地及び家屋の一部所有している場合、つまり区分所有の家屋についても、区分所有者として登録されている者が固

定資産税の納税義務者となります。

ニ　個人の死亡又は法人の消滅等
　固定資産税は、固定資産課税台帳に所有者として登録されている者を納税義務者とする点において形式主義を採用しています。しかし状況によっては、固定資産を実際に所有している者に対する課税という本来の固定資産税の課税の原則である実質主義も採用しています。
　所有者として登記又は登録されている個人が、納税義務者としての判定の時期である賦課期日よりも前に死亡しているときは、その賦課期日においてその土地又は家屋を現状として実際に所有している者を所有者ということになっています。
　法人の場合も同様で、所有者として登記又は登録されている法人が賦課期日よりも前に消滅しているときは、その賦課期日においてその土地又は家屋を現状として実際に所有している者を所有者ということになっています。

ホ　国等の取扱い
　国並びに都道府県、市町村、特別区、これらの組合、財産区及び合併特例区は固定資産税が非課税となっています。これらの団体が所有者として登記されているものの、賦課期日よりも前に所有者でなくなっているときも、その賦課期日においてその土地又は家屋を現状として実際に所有している者を所有者ということになっています。

ヘ　償却資産
　償却資産の所有者は、各市町村に償却資産課税台帳に所有者として登録されている者です。償却資産課税台帳も固定資産課税台帳の一台帳です。

固定資産税の納税義務がある償却資産の所有者は、毎年1月1日現在におけるその所有している償却資産について、一定の事項をその年の1月31日までにその所有している償却資産の所在地の市町村長に申告しなければならないこととされています。ですから、納税義務者が自ら償却資産の所有者である旨をそれぞれの償却資産の所在している市町村毎に申し出るということになります。一定の事項とは、その償却資産の所在、種類、数量、取得時期、取得価額、耐用年数、見積価額その他償却資産課税台帳の登録及びその償却資産の価格の決定に必要な事項です。

　固定資産税の課税客体となる償却資産とは、土地及び家屋以外の事業の用に供することができる有形の減価償却資産です。ですから、事業者でない固定資産の所有者が、事業の用に供していない有形の償却資産については、申告義務が無いということになります。

　償却資産の納税義務者の可能性がある者に対しては、各市町村から償却資産について申告すべき一定の事項を記載する償却資産税申告書が送付されます。各市町村が把握できていない場合は、自ら各市町村に伝えなければ償却資産税申告書の提出を失念する可能性が高くなり、その場合、気が付かないうちに固定資産税の課税漏れ、滞納が生じます。

ト　災害による不明

　震災、風水害、火災その他の事由によって固定資産の所有者の所在が不明である場合があります。このような場合には、市町村はその固定資産の使用者を所有者とみなして、これを固定資産課税台帳に登録した上で、その固定資産の使用者に固定資産税を課することができることとされています。

チ　その他所有者が不明な場合

　固定資産の所有者が不明な場合もあります。固定資産の所有者が不明

ということは固定資産税の賦課が不可能ということになります。結果として固定資産税の税収はあがりません。固定資産の所有者が不明な場合には、固定資産課税台帳に登録できる所有者が不明の場合と、固定資産課税台帳に所有者としての登録はあるもののその所有者の所在が不明の場合とがあります。さらに所有者の所在が不明の場合は、その所有者本人が不明の場合と、その本人が死亡しておりその相続人の所在が不明の場合とがあります。

この不動産の所有者の所在が不明な状況は、様々な問題を生じさせます。近年増加し続けている空き家問題や固定資産税の課税問題もその一つと言えます。

地方税法第343条

　固定資産税は、固定資産の所有者（質権又は百年より永い存続期間の定めのある地上権の目的である土地については、その質権者又は地上権者とする。以下固定資産税について同様とする。）に課する。

2　前項の所有者とは、土地又は家屋については、登記簿又は土地補充課税台帳若しくは家屋補充課税台帳に所有者（区分所有に係る家屋については、当該家屋に係る建物の区分所有等に関する法律第二条第二項の区分所有者とする。以下固定資産税について同様とする。）として登記又は登録されている者をいう。この場合において、所有者として登記又は登録されている個人が賦課期日前に死亡しているとき、若しくは所有者として登記又は登録されている法人が同日前に消滅しているとき、又は所有者として登記されている第三百四十八条第一項の者が同日前に所有者でなくなつているときは、同日において当該土地又は家屋を現に所有している者をいうものとする。

3 　第一項の所有者とは、償却資産については、償却資産課税台帳に所有者として登録されている者をいう。

4 　市町村は、固定資産の所有者の所在が震災、風水害、火災その他の事由によつて不明である場合においては、その使用者を所有者とみなして、これを固定資産課税台帳に登録し、その者に固定資産税を課することができる。

　　　　　　　　　　（一部省略）

9 　家屋の附帯設備（家屋のうち附帯設備に属する部分その他総務省令で定めるものを含む。）であつて、当該家屋の所有者以外の者がその事業の用に供するため取り付けたものであり、かつ、当該家屋に付合したことにより当該家屋の所有者が所有することとなつたもの（以下この項において「特定附帯設備」という。）については、当該取り付けた者の事業の用に供することができる資産である場合に限り、当該取り付けた者をもつて第一項の所有者とみなし、当該特定附帯設備のうち家屋に属する部分は家屋以外の資産とみなして固定資産税を課することができる。

地方税法第341条（一部抜粋）
　九　固定資産課税台帳　土地課税台帳、土地補充課税台帳、家屋課税台帳、家屋補充課税台帳及び償却資産課税台帳を総称する。
　十　土地課税台帳　登記簿に登記されている土地について第三百八十一条第一項に規定する事項を登録した帳簿をいう。
　十一　土地補充課税台帳　登記簿に登記されていない土地でこの法律の規定によつて固定資産税を課することができるものについて第三百八十一条第二項に規定する事項を登録した帳簿をいう。
　十二　家屋課税台帳　登記簿に登記されている家屋（建物の区分所有等に関する法律第二条第三項の専有部分の属する家屋（同法第

四条第二項の規定により共用部分とされた附属の建物を含む。以下「区分所有に係る家屋」という。）の専有部分が登記簿に登記されている場合においては、当該区分所有に係る家屋とする。以下固定資産税について同様とする。）について第三百八十一条第三項に規定する事項を登録した帳簿をいう。

十三　家屋補充課税台帳　登記簿に登記されている家屋以外の家屋でこの法律の規定によつて固定資産税を課することができるものについて第三百八十一条第四項に規定する事項を登録した帳簿をいう。

十四　償却資産課税台帳　償却資産について第三百八十一条第五項に規定する事項を登録した帳簿をいう。

地方税法第383条

　固定資産税の納税義務がある償却資産の所有者（第三百八十九条第一項の規定によつて道府県知事若しくは総務大臣が評価すべき償却資産又は第七百四十二条第一項若しくは第三項の規定によつて道府県知事が指定した償却資産の所有者を除く。）は、総務省令の定めるところによつて、毎年一月一日現在における当該償却資産について、その所在、種類、数量、取得時期、取得価額、耐用年数、見積価額その他償却資産課税台帳の登録及び当該償却資産の価格の決定に必要な事項を一月三十一日までに当該償却資産の所在地の市町村長に申告しなければならない。

④　課税標準

　課税標準とは、課税客体を具体的に数量や金額で表したもので、法律で定められたものをいいます。

イ　基本的取扱い

　固定資産税の課税標準額は「固定資産評価基準」に基づいて決定した評価額をもって固定資産課税台帳に登録された適正な価格です。つまり、土地又は家屋に対して課する固定資産税の課税標準は、その土地又は家屋の価格で土地課税台帳若しくは土地補充課税台帳又は家屋課税台帳若しくは家屋補充課税台帳に登録されたものです。そして、償却資産に対して課する固定資産税の課税標準は、その償却資産の価格で償却資産課税台帳に登録されたものです。

　通常、家屋と償却資産は評価額が課税標準額となります。なお、土地については今現在では地価公示価格の7割程度を評価額としていますが、住宅用地のように特例措置が適用される場合や負担水準のばらつきを調整する措置等が行われているため、課税標準額が評価額より低くなる場合などがあります。

ロ　土地及び家屋の基準年度、第二年度、第三年度

　土地及び家屋の固定資産税の課税にあっては3年毎に評価替えを行います。土地及び家屋の評価替えのある年度を基準年度といいます。基準年度の翌年度を第二年度、第二年度の翌年度を第三年度といいます。そして、基準年度は、昭和31年度及び昭和33年度をスタートに、3年おきの年度となっています。ですから最近で言えば平成24年度、平成27年度、平成30年度で、偶然もありますが、日本の元号でちょうど3で割り切れる年度が基準年度であり、評価替えの年度ということになります。

　土地及び家屋の評価替えが3年毎に行われるので、原則として固定資産税の課税標準も3年間据え置きということになります。だたし、地目の変換、家屋の改築又は損壊その他これらに類する特別の事情や市町村の廃置分合又は境界変更があった場合には、特別に評価の変更が行われます。これら以外にも土地の価格の著しい変動その他の状況により負担

調整措置が行われることがあります。

地方税法第349条（一部抜粋）

　　基準年度に係る賦課期日に所在する土地又は家屋（以下「基準年度の土地又は家屋」という。）に対して課する基準年度の固定資産税の課税標準は、当該土地又は家屋の基準年度に係る賦課期日における価格（以下「基準年度の価格」という。）で土地課税台帳若しくは土地補充課税台帳（以下「土地課税台帳等」という。）又は家屋課税台帳若しくは家屋補充課税台帳（以下「家屋課税台帳等」という。）に登録されたものとする。

2　基準年度の土地又は家屋に対して課する第二年度の固定資産税の課税標準は、当該土地又は家屋に係る基準年度の固定資産税の課税標準の基礎となつた価格で土地課税台帳等又は家屋課税台帳等に登録されたものとする。ただし、基準年度の土地又は家屋について第二年度の固定資産税の賦課期日において次の各号に掲げる事情があるため、基準年度の固定資産税の課税標準の基礎となつた価格によることが不適当であるか又は当該市町村を通じて固定資産税の課税上著しく均衡を失すると市町村長が認める場合においては、当該土地又は家屋に対して課する第二年度の固定資産税の課税標準は、当該土地又は家屋に類似する土地又は家屋の基準年度の価格に比準する価格で土地課税台帳等又は家屋課税台帳等に登録されたものとする。

　一　地目の変換、家屋の改築又は損壊その他これらに類する特別の事情

　二　市町村の廃置分合又は境界変更

3　基準年度の土地又は家屋に対して課する第三年度の固定資産税の課税標準は、当該土地又は家屋に係る基準年度の固定資産税の課税

標準の基礎となつた価格(第二年度において前項ただし書に掲げる事情があつたため、同項ただし書の規定によつて当該土地又は家屋に対して課する第二年度の固定資産税の課税標準とされた価格がある場合においては、当該価格とする。以下本項において同じ。)で土地課税台帳等又は家屋課税台帳等に登録されたものとする。ただし、基準年度の土地又は家屋について第三年度の固定資産税の賦課期日において前項各号に掲げる事情があるため、基準年度の固定資産税の課税標準の基礎となつた価格によることが不適当であるか又は当該市町村を通じて固定資産税の課税上著しく均衡を失すると市町村長が認める場合においては、当該土地又は家屋に対して課する第三年度の固定資産税の課税標準は、当該土地又は家屋に類似する土地又は家屋の基準年度の価格に比準する価格で土地課税台帳等又は家屋課税台帳等に登録されたものとする。

地方税法第349条の2

　償却資産に対して課する固定資産税の課税標準は、賦課期日における当該償却資産の価格で償却資産課税台帳に登録されたものとする。

地方税法第341条（一部抜粋）

　五　価格　適正な時価をいう。
　六　基準年度　昭和三十一年度及び昭和三十三年度並びに昭和三十三年度から起算して三年度又は三の倍数の年度を経過したごとの年度をいう。
　七　第二年度　基準年度の翌年度をいう。
　八　第三年度　第二年度の翌年度（昭和三十三年度を除く。）をいう。

第2　固定資産税制度　45

⑤　税　　　率

課税標準に対して適用される税額の割合をいい、一定の金額による場合と一定の率による場合があります。一般的には課税標準額に対して適用される税率を乗ずることによって税額が算出されることになります。

$$課税標準額 \times 税率 = 税額$$

イ　標準税率

標準税率とは、地方団体が課税する場合に通常よるべき税率です。固定資産税の標準税率は1.4％です。

標準税率はその財政上その他の必要があると認める場合においては、これによることを要しない税率です。つまり、各市町村は標準税率と異なる固定資産税の税率を条例で採用することができます。表現を変えると市町村によって固定資産税の税率は異なる可能性があるということになります。ですから、全く同じ価格の固定資産を異なる市町村に所有していた場合、それぞれの固定資産税の金額が異なるということもあり得るということになります。

平成27年度現在では、1.4％から1.75％までの幅広い範囲での固定資産税の税率が採用されています。標準税率を超える税率で課税を行っている超過税率採用団体は全課税団体に対して8.9％となっています。

なお、標準税率は総務大臣が地方交付税の額を定める際に基準財政収入額の算定の基礎として用いる税率でもあります。

ロ　一定税率と制限税率

標準税率は、地方団体が条例で独自に定めることができる任意の税率ということができます。現行の固定資産税の導入当初は地方団体が法律

で定められた以外の税率を定めることができない一定税率（1.6％）が採用されていました。

　その後、標準税率の採用と同時に制限税率が採用されていました。制限税率は、地方団体が税率を定める場合に、それを超えることができない税率のことで、地方団体が自由に定められる税率の上限ということになります。

　固定資産税の制限税率は平成16年度改正で（最後2.1％）廃止されました。したがって、今現在では、制限のない税率つまり青天井の税率となっています。負担を強いるような高い税率とならないように注意が必要になります。

地方税法第350条
　　固定資産税の標準税率は、百分の一・四とする。
2　市町村は、当該市町村の固定資産税の一の納税義務者であつてその所有する固定資産に対して課すべき当該市町村の固定資産税の課税標準の総額が当該市町村の区域内に所在する固定資産に対して課すべき当該市町村の固定資産税の課税標準の総額の三分の二を超えるものがある場合において、固定資産税の税率を定め、又はこれを変更して百分の一・七を超える税率で固定資産税を課する旨の条例を制定しようとするときは、当該市町村の議会において、当該納税義務者の意見を聴くものとする。

---

⑥　免　税　点

　免税点は、一定の価額又は一定の数量以下の課税対象に対しては課税しないと法律で定められている場合の基準となるその一定の価額又は一定の数量のことです。この免税点制度は、固定資産税にも採用されており、土

地、家屋、償却資産の各市町村の課税標準額の合計額が一定の金額未満であれば固定資産税が課税されないことになります。いわば免税点とは金額による課税の判定基準のことです。

　免税点制度は少額の課税物件に対する課税手続きの煩雑性を回避することから課税の対象としない制度です。この免税点制度は、控除制度と混同されることがしばしばあります。控除制度が金額を課税標準額等から控除するという性格であるのに対して、免税点制度は、控除としての金額ではなく、課税するか課税しないかの判断基準としての性格を有しています。

　免税点となる金額は次のとおりです。

土地　――――――　30万円未満
家屋　――――――　20万円未満
償却資産　――――　150万円未満

　固定資産税の免税点の特徴は、市町村ごとに課税標準額の合計額で判断されるということです。例えば土地をいくつも所有していても、それぞれの評価額が低く課税標準額の合計額が30万円に満たなければ課税されません。また、所有している土地が複数の市町村に分散している場合、市町村ごとに30万円未満の判定がなされるので、数多く評価額の低い土地を所有していると固定資産税は課税されないことになります。土地や家屋は金額が低いものは少ないかもしれませんが、償却資産については150万円未満のものは多く存在すると思います。

　免税点は課税事務の煩雑さ防止の役目を果たしているといえます。どのような場所に固定資産を所有するかによって免税点により税額負担が異なることになります。

　家屋の免税点は20万円未満となっていますが、家屋の評価は下限があったり、長期間所有していて、物件自体が減価していてもなかなか課税標準

額が20万円未満とならなかったりと実態としての物件の評価額が免税点と釣り合っていなかったりする場合もあるようです。

不動産が共有名義や分譲マンションのような区分所有の場合もこの免税点は影響を受けるということになります。

ただ、この免税点制度についても財政上その他特別の必要がある場合においては、市町村の条例の定めるところによって、固定資産税を課することができるとして例外を認めています。

地方税法第351条

　市町村は、同一の者について当該市町村の区域内におけるその者の所有に係る土地、家屋又は償却資産に対して課する固定資産税の課税標準となるべき額が土地にあつては三十万円、家屋にあつては二十万円、償却資産にあつては百五十万円に満たない場合においては、固定資産税を課することができない。ただし、財政上その他特別の必要がある場合においては、当該市町村の条例の定めるところによつて、その額がそれぞれ三十万円、二十万円又は百五十万円に満たないときであつても、固定資産税を課することができる。

---

⑦　賦課期日

イ　納税義務者の判定

賦課期日とは、税金を課税する対象者であるかを判定する基準となる日をいいます。つまり、納税義務者の判定時期です。固定資産税の賦課期日は、その年課税の行われる年度の属する年の1月1日です。

年度は毎年4月1日から翌年の3月31日までの期間です。例えば平成30年度は、平成30年4月1日から平成31年3月31日までの期間ということになります。単に平成30年といった場合は暦年を意味しますから、平

成30年1月1日から平成30年12月31日までの期間です。年と年度の混同は、時々、課税時期や数値、数額上で取り違えによる誤りを生じさせるので注意が必要です。

　税金の課税の判定つまり納税義務者であるかどうかの判定は、当然ですが課税される前になされる必要があります。固定資産税の賦課期日は、その年度の属する年の1月1日ですから、年度を意識して表現すると課税の年度の前年度の1月1日が固定資産税の判定時期ということになります。

　この賦課期日の翌日である1月2日からその年の3月31日の間に不動産の売却をしたとしても、賦課期日である1月1日に土地又は家屋の所有者として固定資産課税台帳に登録されていれば、その直後の4月1日から始まる年度の間全く固定資産を所有していなかったとしても、その年度の固定資産税の納税義務者として税金を納めなければならないことになります。固定資産を持ってもいないのに固定資産税の納税通知書が来るのかと疑問を投げかけられることも少なくありませんが、課税の事務手続き上の都合から事前に判定時期を設けています。

　不動産を売買する場合に、売り手に納税義務のある固定資産税相当額の全額又は期間按分した金額を買い手に負担させるといった契約による取引の慣行があります。このような場合であっても固定資産税の納税義務者は不動産の売り手であり、不動産の買い手は固定資産税相当額を負担したとしても納税義務者ではありません。ですから、不動産の売り手側は固定資産の売却後も固定資産税の納税の管理をしばらくはしなければいけないことになります。つまり、土地又は家屋を売ったから、その後の固定資産税の納税はしなくてもいいと勘違いすると税金の滞納の状

況が発生することになります。

ロ　価格その他の判定

　固定資産税の賦課期日は、単に納税義務者を確定する以外にも役目があります。課税標準額の基礎となる固定資産の価格は、賦課期日における固定資産の価格となっています。つまり、固定資産の1月1日の価格を基にその直後の年度の固定資産税が課税されることになります。

　また、地目の変換、家屋の改築又は損壊その他これらに類する特別の事情や市町村の廃置分合又は境界変更があった場合の特例の判定も賦課期日でなされます。

> **地方税法第359条**
> 　固定資産税の賦課期日は、当該年度の初日の属する年の一月一日とする。

⑧　納　期

　納期は税金を納める期間のことです。固定資産税の納期は地方税法の中では4月、7月、12月、2月中に条例で定めることを原則としています。固定資産税ではこのように納期を4つに分けています。ただ、4月、7月、12月、翌年の2月中に納期を定めている市町村の場合は各月1日から末日を納期としているところが多いようです。納期の末日が納期限です。納期限が休日の場合には期限の特例で、その翌日が期限となります。12月29日から翌年の1月3日は行政機関の休日に関する法律によって休日となるので、12月の納期限は実質的に翌年1月3日後となります。

　なお、4月、7月、12月、2月中以外に固定資産税の納期を設けている市町村も数多くあります。

（特殊な納期の具体例）……東京都の納期
第一期　6月1日から同月30日まで
第二期　9月1日から同月30日まで
第三期　12月1日から同月27日まで
第四期　2月1日から同月末日まで

※　東京都では、第一期を6月、第二期を9月にしていることと第三期の納期限を27日にしているのが特徴的です。

地方税法第362条
　　固定資産税の納期は、四月、七月、十二月及び二月中において、当該市町村の条例で定める。但し、特別の事情がある場合においては、これと異なる納期を定めることができる。
2　固定資産税額（第三百六十四条第十項の規定によつて都市計画税をあわせて徴収する場合にあつては、固定資産税額と都市計画税額との合算額とする。）が市町村の条例で定める金額以下であるものについては、当該市町村は、前項の規定によつて定められた納期のうちいずれか一の納期において、その全額を徴収することができる。

地方税法第20条の5
　　この法律又はこれに基づく条例に定める期間の計算については、民法第百三十九条から第百四十一条まで及び第百四十三条に定めるところによる。
2　この法律又はこれに基づく条例の規定により定められている期限（政令で定める期限を除く。）が民法第百四十二条に規定する休日その他政令で定める日に該当するときは、この法律又は当該条例の規

定にかかわらず、これらの日の翌日をその期限とみなす。

⑨ 徴税手続き

固定資産税の徴収は、普通徴収によることとされています。普通徴収は市町村の職員（徴税吏員）が納税通知書を納税者に交付することによって地方税を徴収する方法です。具体的には郵送で送られてきます。

固定資産税の納税通知書には、固定資産の所有者が自己の所有している固定資産に係る固定資産税の確認、納付に必要な事項が記載されています。

（納税通知書の記載内容）
・課税の根拠の法律と条例
・納税者の住所及び氏名
・課税標準額、税率、税額
・納期、各納期における納付額、納付の場所
・納期限までに税金を納付しなかった場合の措置
・不服がある場合における救済の方法

固定資産税の徴収は、課税の根拠となったその固定資産の明細書である課税明細書を納税者に交付することになっていますので、納税通知書と同時に納税者に送付されます。

（課税明細書の記載内容）
　土地……所在、地番、地目、地積及びその年度の価格
　家屋……所在、家屋番号、種類、構造、床面積及びその年度の価格

地方税法第1条第1項（一部抜粋）

　六　納税通知書　納税者が納付すべき地方税について、その賦課の根拠となつた法律及び当該地方団体の条例の規定、納税者の住所及び氏名、課税標準額、税率、税額、納期、各納期における納付額、納付の場所並びに納期限までに税金を納付しなかつた場合において執られるべき措置及び賦課に不服がある場合における救済の方法を記載した文書で当該地方団体が作成するものをいう。

　七　普通徴収　徴税吏員が納税通知書を当該納税者に交付することによつて地方税を徴収することをいう。

地方税法第364条

　固定資産税の徴収については、普通徴収の方法によらなければならない。

2　固定資産税を徴収しようとする場合において納税者に交付する納税通知書に記載すべき課税標準額は、土地、家屋及び償却資産の価額並びにこれらの合計額とする。

3　市町村は、土地又は家屋に対して課する固定資産税を徴収しようとする場合には、総務省令で定めるところにより、次の各号に掲げる固定資産税の区分に応じ、当該各号に定める事項を記載した文書（以下「課税明細書」という。）を当該納税者に交付しなければならない。

　一　土地に対して課する固定資産税　当該土地について土地課税台帳等に登録された所在、地番、地目、地積及び当該年度の固定資産税に係る価格

　二　家屋に対して課する固定資産税　当該家屋について家屋課税台帳等に登録された所在、家屋番号、種類、構造、床面積及び当該

　　　　年度の固定資産税に係る価格

　　　　　　　　　　（一部省略）

9　第二項若しくは第七項の納税通知書又は第三項の課税明細書は、遅くとも、納期限前十日までに納税者に交付しなければならない。

10　市町村は、固定資産税を賦課し、及び徴収する場合には、当該納税者に係る都市計画税を併せて賦課し、及び徴収することができる。

(5) 固定資産税額の計算

① 基　　礎

　固定資産税の大まかな仕組みの基礎としての計算方法は、固定資産の価格を基にした固定資産税評価額を課税標準額として、その課税標準額に税率を乗じて固定資産税の税額を算出します。

② 具体的な土地・家屋・償却資産の評価の仕組み

イ　固定資産評価基準による価格の決定

　地方税法上は、市町村長が固定資産評価基準によって固定資産の価格を決定することになっています。

　固定資産評価基準は固定資産の評価の基準並びに評価の実施の方法及び手続きを定めたもので、総務大臣が定めて法律に基づいて公表(告示)されています。固定資産評価基準は、土地、家屋、償却資産ごとに内容が決められています。

　固定資産評価基準については、総務省のホームページでも公開されています。ただし、固定資産評価基準は納税者その他に周知するために公開はされていますが、一般には理解しづらいものになっています。

（総務大臣）	（市町村長）
【固定資産評価基準】 ・固定資産の評価の基準 ・評価の実施方法 ・手続き	固定資産の価格の決定 ・土地 ・家屋 ・償却資産

告示 ⇒

ロ　資産別評価方法

　固定資産税の課税の対象となる固定資産は、土地、家屋及び償却資産の資産別に評価方法が決められています。

　(イ)　土地

　　土地の評価に当たっては、宅地・農地等地目別に売買実例価格等を基礎として、評価額を算定します。

　　評価の考え方を簡単に表現すれば、土地については、宅地や農地といったその土地の利用その他の状況毎に決められている地目別に、実際に取引があった価格等を参考に公表される地価公示価格を基礎として評価額を算定しています。

　　また、土地の固定資産税における評価額については、今現在は地価公示価格の7割程度とされています。

　(ロ)　家屋

　　家屋の評価に当たっては、再建築価格及び経年減点補正率等に応じて、評価額を算定します。

　　評価の考え方を簡単に表現すれば、家屋については、現存する家屋を新たに建築したならばいくらかかるかの単価を基に計算された再建築価格を算出して、その課税対象となる家屋が建築されてから今現在

第2　固定資産税制度　57

までの期間の経過年数に応じた価値に対する減価を考慮して評価額を算出します。考え方としては法人税法や所得税法で用いられる建物の減価償却計算と同じですが、その範囲やいわゆる耐用年数や具体的な減価の計算においてズレがあります。

(ハ)　償却資産

　納税者によって作成し提出した償却資産申告書に基づいて、取得価額及び取得後の経過年数等に応じて、評価額を算定することになります。償却資産についても法人税法や所得税法で用いられる減価償却計算の考え方と同じですが、やはり、その範囲や耐用年数等で法人税法や所得税法と異なります。

ハ　住宅用地の特例（課税標準額の特例）

　固定資産税については、負担軽減のための特例がいくつかありますが、その中で、恒常的な特例として住宅用地の特例があります。専門家でなくても住宅用地は価格の$\frac{1}{6}$又は$\frac{1}{3}$！とか、住宅用地の固定資産税は安い！という評判は時々、目や耳にします。よく不動産活用セミナー等でも、宅地を更地にしておくよりもアパートやマンションを建築することによって、固定資産税が低く抑えられますといった内容が織り込まれることも少なくありません。固定資産税が最大$\frac{1}{6}$とか$\frac{1}{3}$になります。ただし、更地に建物を建てることになりますので、家屋等の固定資産税が発生することになります。

　住宅用地の特例制度は、正確に言えば算出された固定資産税額を$\frac{1}{6}$とか$\frac{1}{3}$に減額するというものではなく、税率を掛ける前の段階、つまり課税標準額の特例です。固定資産評価基準によって算定された固定資産の価格としての評価額の$\frac{1}{6}$や$\frac{1}{3}$を課税標準額とするものです。

　まさに住宅用地の特例制度は、人にとって住む場所は大切であり、そ

の確保の重要性から住宅用地についての負担を軽減するために設けられた制度です。

(イ) (単独) 住宅用地の特例

単独の住宅用地の特例は、土地の面積が200m²以下か200m²を超えるかで取扱いが異なります。住宅の敷地が200m²以下の部分を「小規模住宅用地」として価格の$\frac{1}{6}$を課税標準額とします。200m²を超える部分を「一般住宅用地」として価格の$\frac{1}{3}$を課税標準額とします。

〔例1〕

面積　120m²　価格　18,000,000円

120m² ≦ 200m² なので

課税標準額　18,000,000円 × $\frac{1}{6}$ = 3,000,000円

〔例2〕

面積　300m²　価格　45,000,000円

300m² ＞ 200m² なので

・200m²の部分

45,000,000円 × 200m²／300m² = 30,000,000円

30,000,000円 × $\frac{1}{6}$ = 5,000,000円

・200m²を超える部分

(45,000,000円 − 30,000,000円) × $\frac{1}{3}$ = 5,000,000円

課税標準額

5,000,000円 + 5,000,000円 = 10,000,000円

㈹　面積制限

「一般住宅用地」の住宅用地の特例は、家屋の床面積の10倍までという制限を受けます。

〔例3〕

　面積　1,000m² 　価格　150,000,000円　家屋の床面積　80m²

・200m²の部分

150,000,000円×200m²／1,000m²＝30,000,000円

30,000,000円×$\frac{1}{6}$＝5,000,000円

・200m²を超える部分

80m²×10＝800m²＜1,000m²

（一般住宅用地の特例部分）

800m²－200m²＝600m²

150,000,000円×600m²／1,000m²＝90,000,000円

90,000,000円×$\frac{1}{3}$＝30,000,000円

（一般住宅用地の特例適用外）

1,000m²－800m²＝200m²

150,000,000円－30,000,000円－90,000,000円

＝30,000,000円

課税標準額

5,000,000円＋30,000,000円＋30,000,000円＝65,000,000円

固定資産税の住宅用地の特例を〔例1〕で実感してみます。ここでは標準税率の1.4％を前提とします。

・住宅用地ではない場合
　　課税標準額　18,000,000円×1.4％＝252,000円

・住宅用地である場合（小規模住宅用地）
　　課税標準額　3,000,000円×1.4％＝42,000円

　小規模住宅用地の特例の適用を受けることができる土地の固定資産税は、税額が結果的に $\frac{1}{6}$ であり、かなりの減額がなされたというイメージをもつことができます。

(ハ)　併用住宅

　住宅の中には住宅が単独の専用住宅ではなく、何かしらの商売を営んでいる場合に店舗と住宅が同じ家屋内であることも少なくありません。このようないわゆる店舗併用住宅であって、店舗と住宅等が併用されている家屋の敷地であったとしても住宅用地の特例の適用があります。この住宅用地の適用を受けられる大前提は、家屋の床面積に占める住宅部分の割合が $\frac{1}{4}$ 以上であることです。

（併用住宅での住宅用地の特例の要件）

$$\frac{住宅部分の床面積}{家屋全体の床面積} \geq \frac{1}{4}$$

　併用住宅の場合には、専用住宅のようにその全てを減額の対象としたのでは不平等感があるといえます。そこで、住宅部分の割合の程度に応じて住宅用地としての取扱いの率が異なります。また、比較的に堅牢でない家屋の敷地には優しい取扱いとなっています。ここでの比較的に堅牢である家屋は、地上５階以上で耐火建築物の家屋です。

それぞれの家屋の住宅部分の割合と住宅用地として取扱われる率との関係は次のとおりです。

家屋		住宅部分の割合	住宅用地率
①	専用住宅	全部	1.0
②	③以外の併用住宅	4分の1以上2分の1未満	0.5
		2分の1以上	1.0
③	地上5階以上の耐火建築物である併用住宅	4分の1以上2分の1未満	0.5
		2分の1以上4分の3未満	0.75
		4分の3以上	1.0

㈡ 改正と価格の変動のトラップ

なお、参考ですが、この住宅用地の特例は平成6年度の改正により現在の特例率となっており、改正前は小規模住宅用地については$\frac{1}{4}$、一般住宅用地については$\frac{1}{2}$でした。つまり、この時の改正により固定資産税の減額割合が増えた、価格に対する税額負担の割合が下がったことになります。ただ、この減額は土地の価格の変動が影響するため必ずしも固定資産税の税額の負担が減少したとは限らないことになります。

㈥ 都市計画税の特例

都市計画税においても、住宅用地の特例制度があります。都市計画税における減額割合は次のとおりです。

・小規模住宅用地……$\frac{1}{3}$

・一般住宅用地………$\frac{2}{3}$

ニ　商業地等

　住宅用地以外の宅地は「商業地等」に該当します。商業地等の固定資産税の課税標準額は、固定資産税評価額である価格の70％です。そもそもの土地の固定資産税評価額が地価公示価格の70％程度ということを考えると、「商業地等」は地価公示価格の50％程度となりますが、あくまでも目安です。

　「商業地等」とは、住宅用地以外の宅地及び宅地比準土地である宅地等を言うものとされています。

　このことから、宅地以外の介在農地や介在山林、宅地比準の雑種地（例えば、駐車場）等は「商業地等」に含まれます。

　一方、市街化区域農地については宅地並み評価ではありますが、そもそもが農地なので商業地等には該当しません。

　宅地比準土地とは、宅地以外の土地で、その土地に対するその年度分の固定資産税の課税標準となるべき価格が、その土地と状況が類似する宅地の固定資産税の課税標準とされる価格に比準する価格によって決定されたもののことです。「商業地等」は平成9年度改正において新たに導入されたものです。

ホ　なだらかなる税負担制度（負担調整措置）

　土地は、かつてバブルと呼ばれた時代があったように、価格の極端な変動が生じることがあります。そこで、急激な土地の価格の変動に対して、売却を目的としていない土地の所有者の固定資産税の負担をなだらかにする税負担制度が設けられています。

　負担調整措置とは宅地について、負担水準の高い土地は税負担を引き下げ又は据え置き、負担水準の低い土地はなだらかに税負担を上昇させることによって負担水準のばらつきを狭めていく仕組みの制度措置です。

第3　固定資産税の誤りや誤解が生じる要因

(1) 課税・納税方式が持つ固有の問題点

① 課税・納税方式の種類

　税金の課税の方法である課税方式、言い換えれば税金を納める方法には、申告納税方式と賦課課税方式とがあります。申告納税方式は、日本においては第二次世界大戦直後に経済の民主化の一環として採用された納税の方法です。それまでは、賦課課税方式による納税の方法が採用されていました。我が国の固定資産税の納税方法は賦課課税方式を採用しています。ここではまず、固定資産税の誤りが生じる要因を固定資産税の課税・納税方式の点から観ていきます。

　イ　申告納税方式

　申告納税方式は、納税者が自ら納める税金を計算して、その金額を課税当局に申し告げ（申告）、その申告した税金を納める（納付）方法をいいます。

　申告納税方式で納税者が計算する金額は、好き勝手に計算することは許されず、税金の計算方法を規定している法律である税法に則って計算しなければなりません。その代わりに自ら税金を計算し、申告をする際にいくつか認められた方法を選択することによって、納税上有利な税額計算をすることができます。

　まさに申告納税方式は、納税義務者が全員自ら納税手続きを行い税額計算をするという点において極めて民主的な制度といえるでしょう。

　申告納税方式は、その納税者のする申告により第一次的に納税義務が

確定するものです。そして納税者の申告がない場合又はその申告が正しくない場合には、そのまま放置されることなく、課税当局側がこれを是正する更正又は決定により第二次的に納税義務が確定することになります。

この申告納税方式は、所得税、法人税、消費税（地方消費税を含む。）、相続税、贈与税、事業税、住民税等があり、現行の税制において主流の課税・納税方式となっています。

```
【申告納税方式】

納税者　──→　　課税標準額・税額等　　──→　申告・納付
　　　　　　　　　自ら計算
```

ロ　賦課課税方式

賦課課税方式は、国や地方団体といった課税当局が税金を計算して、納税者に対してその税額等を記載した納税通知書を送付することによって通知し、納税者はその通知書に従って税金を納付する方法です。賦課課税方式は、課税当局が一方的に税額計算までを行うので、納税義務者は送付されてきた納税通知書に記載されている内容について正しいかどうかの確認をする必要があります。

この賦課課税方式は、固定資産税、自動車税、不動産取得税、都市計画税等があります。なお、固定資産税は、土地、家屋又は償却資産を課税の物件（課税客体）として課税が行われます。償却資産の固定資産税（償却資産税）については、「償却資産申告書」という書類が存在しますが、この申告書では税額計算は行いませんので、申告納税方式には該当せず、やはり賦課課税方式ということになります。

```
┌─────────────────────────────────────────────────┐
│ 【賦課課税方式】                                  │
│   課税当局が税額を計算  ──────→  納税者          │
│              納税通知書を送付                     │
└─────────────────────────────────────────────────┘
```

② 賦課課税方式による問題

　固定資産税の課税制度は賦課課税方式が採用されています。つまり、各市町村（東京都23区内は東京都）が固定資産について、評価額、課税標準額、税額、納期限等を記載した納税通知書をその固定資産（土地・家屋・償却資産）の所有者（納税者）に交付することにより課税をする方法を採用しています。

　この賦課課税方式は、納税義務者が自ら税額計算を行う申告納税方式と異なり、課税当局によって一方的に税額計算がなされ納税者に対し納税通知書の送付という形式で行われます。また、納税通知書と同時に、固定資産の所在地や価格等が記載された課税明細書も送付されます。更にそこには、すでに計算されている税額と納期限が記載された納付書が用意されています。このような状況においては、納税者は機械的に納税通知書の内容を確かめることなく、固定資産税を納付する感覚となる人も多いといえるでしょう。

　つまり、賦課課税方式は、納税者が納税通知書や納付書に記載されているその税額が正しいかどうかやその税額の計算方法やその計算の基礎となる固定資産の評価額の確認をしたりしようとする意欲が欠けやすく、誤りに気がつきにくい制度となっているのが現状です。また、納税通知書や課税明細書に記載されている文字は比較的小さく読みづらいものとなっていることが多いというのも問題だと思います。更に記載方法も2段書きや3段書きになっており、すんなりとは記載内容を理解することはできないと

いえるでしょう。
　そして、そこに書かれている文字は専門用語ですので、納税者にとっては難解な書類になっており、その結果、関心を持たない原因となっています。

【固定資産税の納税通知書の記載内容】
　固定資産税の納税通知書には次のようなことが記載されています。
　・課税標準額、税率、税額
　・納期、各納期における納付額
　・納付の場所
　・納期限までに税金を納付しなかった場合の措置
　・納税通知書の内容に不服がある場合の救済方法

【土地の課税明細書の記載内容】
　土地の課税明細書には次のようなことが記載されています。
　・所在地、地積（土地の面積）
　・課税地目（田、畑、宅地、山林、雑種地など）
　・評価額（または価格）　等

【家屋の課税明細書の記載内容】
　家屋の課税明細書には次のようなことが記載されています。
　・所在地
　・家屋番号（建物登記簿に同じ）、用途、構造、建築年、課税床面積
　・評価額（または価格）　等

【問題点】

　納税通知書　　文字が小さい　　　　　　納税者の理解
　課税明細書　　難解な用語や数字　　　　しづらい

③　固定資産税の複雑な計算方法

　固定資産税の税額計算の基本は、固定資産の価格を課税標準として、それに税率を掛けることによって算出することです。しかしながら、固定資産の価格である固定資産税評価額は、「固定資産税評価基準」という独特な基準によって評価された金額です。「固定資産税評価基準」は総務省が告示をしており総務省のホームページでも確認できます。

　また、固定資産税評価額イコール課税標準額ではありません。固定資産税評価額に調整を加えて課税標準額を算出します。この課税標準額の計算については、各自治体のホームページや配布されている冊子等で公開されていますが、難解なものとなっています。

固定資産税評価額　──────→　課税標準額
　　　　　　　　　（複雑な調整）

④　固定資産税の課税客体の特徴及び特異な点

　「建物」を「家屋」と表現することがあります。逆に言えば、「家屋」を「建物」と表現することがあります。課税の対象となる物件のことを課税客体と言いますが、固定資産税の課税客体は、土地、家屋及び償却資産です。固定資産税では「建物」を「家屋」という表現をしています。不動産

登記や所得税・法人税では「建物」という表現をして「家屋」という表現はしていません。表現が違うということは、内容も一致しているとはいえないということです。

また、「土地」は固定資産税でも不動産登記でも所得税・法人税でも同じ「土地」という表現をしていますが、それぞれにはズレがあります。そのズレが一般的には分かりづらく、結果として固定資産税が分かりづらい原因の一つとなっていると思います。

「土地」	固定資産税 不動産登記 所得税・法人税	すべて同じ「土地」の表現だが、内容も同じ？

「家屋」 と 「建物」	固定資産税 不動産登記 所得税・法人税	異なる表現ということは、内容も異なる？

イ　土地
　㈠　登記簿と固定資産課税台帳
　　固定資産税は区市町村に備え付けてある固定資産課税台帳に登録されている情報を基に課税が行われます。固定資産課税台帳のうち土地課税台帳については、不動産登記法に基づいた登記簿に登録されている一定の事項が記載されています。しかしながら、登記簿の土地と固定資産課税台帳の土地とは必ずしも一致していないといえます。固定資産税についてはあくまでその不動産の所有者に対しての課税ですが、登記簿には土地に関する権利について、所有権以外についても記

載されています。また、土地登記簿に登記されていない土地であったとしても、固定資産税が課されるべき土地については、土地課税台帳とは別に土地補充課税台帳を設けて課税の管理をしています。このように不動産登記における土地と固定資産税が課税される土地の範囲にはズレがあると言えます。したがって、不動産登記簿に記載のないものが、固定資産税上は課税の対象として納税義務者に納税通知書が送付されるということがあるということです。

```
（不動産登記簿）          （固定資産税）
 登記されている土地 ──→  土地課税台帳
                           ＋
                         土地補充課税台帳（登記なし）
```

(ロ)　所得税・法人税との違い

　同じ税金の世界でも所得税や法人税でも固定資産税と同様に「土地」という表現をしますが、その内容はだいぶ異なっています。例えば、法人税の土地勘定として計上されている金額は、実際には単にその土地の取引価格のみならず、その土地を取得するために要した付随費用も含まれています。埋立て、地盛り、地ならし、切土、防壁工事その他土地の造成又は改良のために要した費用の額はその土地の取得価額に含めます。また、法人が土地、建物等の取得に際し、当該土地、建物等の使用者等に支払う立退料その他立退きのために要した金額もその土地、建物等の取得価額に含めます。

　法人が建物の敷地である土地を建物とともに取得した場合、その建物を取り壊して土地を利用する目的であることが明らかであると認められるときは、状況によってその建物の帳簿価額と取壊費用は、その

土地の取得価額に含める場合があります。このように固定資産税における土地と所得税・法人税との土地では、その範囲や金額にズレがあります。ですから、所得税や法人税の計算の基礎となる土地勘定からすると土地の範囲的にも金額的にもイメージと異なる固定資産税の明細の載った納税通知書が納税義務者に送付されるということになります。

ロ 家屋
(イ) 登記簿と固定資産課税台帳
　不動産登記においては、登記簿は建物の登記の記載であって、家屋の登記とは表現しません。それでも建物の登記簿に登録されている情報は家屋課税台帳に記載されます。建物登記簿に登記されていない家屋であったとしても、固定資産税が課されるべき家屋については、家屋課税台帳とは別に家屋補充課税台帳を設けて課税の管理をしています。その他の面でも必ずしも不動産登記の建物と家屋は一致しません。
　ただ、不動産登記では「建物」、固定資産税では「家屋」と表現しますが、家屋課税台帳が不動産登記簿から誘導的に作成されることを考えると基本は同じということが言えます。

第3　固定資産税の誤りや誤解が生じる要因　71

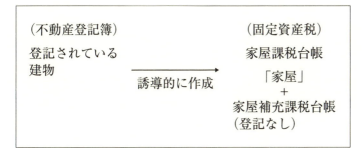

㈹　所得税・法人税との違い

　建物についても土地と同様に、取得に要した付随費用は取得価額に含めることになります。また、所得税や法人税においては、建物を取得した後、事後的支出が発生した場合には、その事後的支出の内容を分類・分析して修繕費か資本的支出かに分類します。修繕費とされた部分は一時に費用となりますが、資本的支出とされた部分については資産として建物勘定を形成することになります。つまり、資本的支出は建物の金額を増加させることになります。この資本的支出となる要件は、単純には使用可能期間が延びるか、財産としての価値を増加させるということになります。だだ、この事後的支出の質的重要性や量的（金額的）重要性が低い場合には、所得税・法人税においては修繕費などの必要経費又は損金として取り扱われることもあります。

　固定資産税においても家屋に対して事後的支出があった場合に家屋の評価額が増加することがありますが、その範囲は限定的と言えます。リフォームを行った場合であっても「増改築」に該当しなければ評価額は増加しません。建物の種類、構造又は床面積について変更があった場合には「増改築」に該当します。この「増改築」は不動産登記の変更事項となります。

　建物勘定を増加させる所得税や法人税の資本的支出の考え方は、固

定資産税の評価の増には関係がないということになります。

（固定資産税）	（所得税・法人税）
増改築	資本的支出
↓	↓
評価増の可能性	固定資産税の評価増とは必ずしも関係ない

(2) その他の要因

① 不動産取引の金額との乖離

　土地や建物それぞれの固定資産の所有者、特にその固定資産を購入によって取得した所有者は、固定資産の評価額を取引金額で意識することが多いと思います。つまり、自分はこの不動産物件をいくらで買ったんだという意識、どのくらいの値段、いくらくらいの価値のある不動産という財産を持っているんだ、手にしたんだという意識が強いからです。また、世間の話題もあの土地がいくらで売れた、あのビルをいくらで買ったという実際の取引価格を前提に会話がなされます。

　固定資産税の評価額は現実的にそのほとんどが取引金額とかけ離れているため、固定資産の所有者は疑問を持ったとしても各区市町村からの通知された金額が正しいものであるかどうかの判断がしづらいといえます。

イ　土地

　今現在、土地の固定資産税評価額は、地価公示価格の70％程度をめどに評価がなされています。

　地価公示価格とは、地価公示法に基づいて、国土交通省土地鑑定委員会が、適正な地価の形成に寄与するために、毎年1月1日時点における標準地の正常な価格を3月に公示する場合のその正常な価格のことです。

　この地価公示制度は、社会・経済活動についての制度インフラとなっています。また、地価公示価格は土地の相続税評価や固定資産税評価の基準ともなっている価格です。地価公示は、毎年1月1日における「正常な価格」を判定し公示するものです。

　「正常な価格」とは、土地について、自由な取引が行われるとした場合におけるその取引において通常成立すると認められる価格とされてい

ます。取引を行う上で、その時における通常取得のために要する価格のことを「時価」といいますが、地価公示価格は、「時価」の考え方の一つといえます。地価公示価格は、土地の取引をする上において参考にされる価格です。ただこの地価公示価格は正確には実際に取引された金額ではないため、実際の取引においてはそれぞれの環境や条件に応じて取引価格が決まるため、その取引価格が地価公示価格とかけ離れることがありえます。

　土地における固定資産税評価額は、その取引において通常成立すると認められる価格である地価公示価格の70％をめどに算出されているということになるので、いわゆる「時価の7割程度」という表現をされることがあります。

　なお、実際の土地の取引の場合、その土地を取得するための付随費用をその土地の取得価額に含めて取引価格を意識しますが、固定資産税の評価額については、そのような具体的、個別的な付随費用については考慮していません。

　固定資産税評価額は、実際の取引価格ではなく、正常な取引の価格の参考である地価公示価格の7割程度をめどに算出されていますが、土地の取得のための付随費用も考慮していないため不動産取引の金額との乖離があることになります。

```
（土地の固定資産税評価額）
 地価公示価格×70％程度  →  時価の7割程度
       ↑
 正常な価格

  ※　実際の取引価格ではない。
  ※　付随費用は考慮していない。
```

ロ　家屋

　家屋の固定資産税評価額も土地と同様に実際に取引された価格ではありません。家屋について特に新築の建物を取得した場合には、その建物の購入金額と固定資産税の評価額が異なっていると違和感を抱くことになります。家屋の固定資産税評価額は、簡単な表現をすると、その建物の構造と再建築価格によって計算されたものとなります。

　固定資産評価基準での表現では、家屋の評価は木造家屋及び木造家屋以外の家屋（非木造家屋）の区分に従い、各個の家屋について評点数を付設し、その評点数に評点一点当たりの価額を乗じて各個の家屋の価額を求める方法となります。簡単に表現すれば全く同じ物件を今現在の価格で建築したらいくらになって、それに経過年数を考慮するという考え方を基準にしています。

　家屋の固定資産税評価額が実際の建物の購入金額に比べてかなり低いと感じるときは、固定資産税の割安感がありますが、その物件の購入金額が比較的高かったのではないか、構造が弱いのではないかといった感じを受けます。逆に、家屋の固定資産税評価額が実際の建物の購入金額に比べて高いと感じるときは、固定資産税の割高感がありますが、その物件の購入金額は比較的安かったのではないかといった感じを受けます。

【家屋課税のジレンマ】
　固定資産税が思ったより安い……高くで買わされた可能性
　（固定資産税は毎年安い）　　　構造が弱い可能性

　固定資産税が思ったより高い……安くで買えた可能性
　（固定資産税は毎年高い）　　　構造が丈夫な可能性

② 計算の複雑性

　固定資産税の税額算出までの計算過程は複雑であり明確でない部分もあるような感じがします。固定資産税は、本来その固定資産の財産価値に対して税金を負担する力である担税力を求めるものであり、その固定資産の評価額に対する課税を基本としています。

　ただし、土地については主に時価を反映した固定資産税の路線価を基礎として評価額が決められています。一方、家屋については主にその構造等から再建築価格の単価の積み上げ計算により評価額が決められています。いずれもその計算は複雑となっており、簡単には計算することも理解することもできないものです。そもそも税金は分かりやすいものでなければならないと考えます。固定資産税は、固定資産の所有者に対してその固定資産から担税力を見出すというごくごく単純な資産課税といえます。ところが、具体的な税額計算については難解で複雑です。とてもじゃありませんが、税負担を強いられている固定資産の所有者にその税額が正しいかどうかを判断できるものではありません。

　確かに固定資産評価基準については総務省のWebサイトに出ています。また、自治体によっては「固定資産評価実施要領」その他の名称で具体的な固定資産の評価をする上での実施要領を定めて、正しい固定資産の評価の実行と固定資産の課税の誤りを防止し、担当者の専門性を高めるために役立てようとしている区市町村もあります。また、その実施要領を自治体のWebサイトで公開しているところもあります。それでも計算が一般の納税義務者に理解できるものではないと思います。それは、とても専門的で複雑だからです。

　また、固定資産税の評価額の算定だけではなく、固定資産税の評価額から課税標準額の計算にも税額軽減の特例や負担額の調整措置が設けられています。この税額軽減の特例には住宅用地の特例のように比較的わかりやすいものもありますが、負担調整のように複雑で分かりづらいものもあり

第3　固定資産税の誤りや誤解が生じる要因

ます。

```
固定資産の評価額　→　課税標準額　→　税額
　（複雑）　　　　　　　（複雑）
※固定資産の所有者にとっては誤りに気がつきにくい。
```

　例えば同じ税金であっても法人税の固定資産の取扱いは固定資産税に比べて複雑ではないと思います。土地であれ、建物その他の減価償却資産であれ、計算は購入ならば、購入金額を計算の基礎としています。減価償却資産ならば、固定資産の取得価額の範囲内で償却費や税額等の調整がなされる計算構造になっています。

　これに対して固定資産税の場合は、課税の土台である固定資産の評価額に対して連続して課税されることになるので、評価額に誤りが存在すると将来にわたって税額に影響し、正しい税額の累計額との乖離がすすむといえます。

　この固定資産税の誤りは、固定資産評価額の見直しが3年毎に行われる際に修正がなされればその被害は少ないかもしれません。しかし、固定資産税の誤りが複雑な計算構造の中に誤りがあれば、3年とは言わない長年にわたって固定資産税の課税の誤りが生じることになります。

　さらに固定資産税は地方税であり、各区市町村における条例にも左右されるため全国で統一された課税方法によっているわけでもありません。いずれにせよ、固定資産税の計算の複雑性が課税の誤りの一原因になっており、固定資産の所有者にとって誤りに気が付きづらくなっていると思います。

　例えば、複数の区市町村に固定資産を所有していたり、他の区市町村に引っ越しをした場合には、それぞれの区市町村で固定資産税の課税の対象や計算その他の手続きが異なるということが多分にあり得るということに

なります。

③ 課税時期の問題

　固定資産税は毎年１月１日現在の土地、家屋及び償却資産といった固定資産の所有者に対して納税義務を課しています。課税の判定の現況の基準である毎年１月１日が賦課期日です。例えば１月１日現在の土地の所有者が１月２日にその土地を譲渡した場合であっても、譲渡したその年の４月１日の属する年度の固定資産税の納税義務があります。４月１日は各自治体の年度（自４月１日至翌年３月31日）の始まりです。

　また納期は原則が４月、７月、12月、翌年２月中に各自治体の条例で定めるとしながらも、特別な事情があるときは異なる納期を定めることができるとしています。実際、４月、７月、12月、翌年２月中の原則以外に納期限を設けている自治体が多い状況です。

　固定資産税は、先の具体例のように課税対象の固定資産を譲渡しており、納期限時にはすでにその固定資産を所有していないのにも関わらず税金を負担しなければならないことの理解があまり得られているとは言えません。そのため、不動産の取引において、固定資産税を１年分のものと考えて、期間按分をした上で、その譲渡後の固定資産税の負担分を新たに固定資産の所有者となる者に請求する取引慣行があります。納税義務はあくまでも賦課期日（毎年１月１日）の固定資産の所有者なので、その後も区市町村に固定資産税を納付するのは固定資産を譲渡した者であって、新たに固定資産を取得した者は単に固定資産税の一部を負担したにすぎません。

　この賦課期日と納期限の関係が固定資産税に対する誤解が生じており、固定資産税の課税の誤りに気が付かない原因の一つになっているのです。

第3 固定資産税の誤りや誤解が生じる要因 79

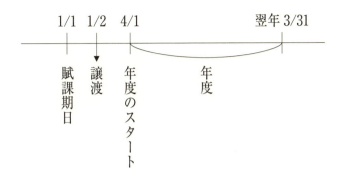

【年と年度の違い】
　前述しましたが、「年」と表現する場合は、暦年を意味します。暦年は、それぞれの年の1月1日から12月31日までの期間です。「年度」と表現する場合は、会計の期間を意味します。区市町村を含む公官庁の「年度」はその年の4月1日から翌年の3月31日までの期間です。この二つの表現がしばしば誤解を招きます。所得税は、その年の翌年3月15日が確定申告期限ですが、住民税は前年の所得に対して翌年の年度の課税となっています。同様に固定資産税の課税についてもその年度の前年度の1月1日の固定資産の所有者が、その年度の固定資産税の納税義務者となることになります。

④　課税団体としての専門性の問題
　固定資産税の専門的知識は、固定資産の評価額の算定や課税標準額や税額の計算と複雑で難解な部分が多いといえます。これに対して課税団体としての区市町村における固定資産税に関わる担当者は、一般的に3年から6年程度で所属部署が異動することが多いように思われます。また、その異動は税務課のみならず、税務に関係しない部署も多いことから、固定資産税についての専門的知識と技術を充分につけることができないという現状があります。国税の場合も、税務署を中心に同様におおむね3年程度で

の職場の異動があるようですが、それぞれの担当する税目についての異動はあまりないようです。これに対して地方税の固定資産税の担当者は異動の性格上、専門性に欠けることによって固定資産税の課税の誤りを生じさせる可能性が高いといえるでしょう。

> 担当者の異動がおよそ3年～6年

⑤ 地方税としての問題点

　地方税は残念ながらあまり興味を持たれません。国税のうち所得税、法人税や消費税は申告納税を採用していることから自ら又は税務代理人である税理士が、課税標準額や税額の計算の計算を行うため興味を持ちやすいといえます。

　ところが、地方税は申告納税方式のものであっても所得税や法人税の連動計算であったり、固定資産税のように賦課課税方式であったりと目に止まりにくい状況があります。

　また、世間的な税金の話題も国税で止まることがほとんどでしょう。この地方税に対して興味を持たない環境が固定資産税についても無関心になり、たとえ自らが所有する固定資産に係る固定資産税であったとしても、固定資産税の課税に誤りがあるかを調べる気にならないのかもしれません。また、その地方税に対する無関心は、一般の者だけではなく、税金の専門家である税理士や法律や条例をつくる役目を担う議員、区市町村の役場で働く公務員にも及んでいるのが現状です。

> 世間は地方税に興味を示さない！

第3　固定資産税の誤りや誤解が生じる要因　81

⑥　共有名義の土地や家屋

　固定資産税の課税対象である土地や家屋は、必ずしも単独名義であるとは限らず、複数の所有者による共有名義であることも少なくありません。この場合、納税通知書はその共有名義の全員ではなく、共有名義の代表者に対してのみ送付されることとなります。そのため固定資産の所有者のうち代表者である所有者以外の所有者が、その固定資産税の内容について無関心となる可能性があります。つまり、自己の所有している固定資産について納税通知者や課税明細書を目にすることがないので、無関心になり、固定資産税の誤りに気が付かないということになります。

　なお、持ち家の自己所有マンションのような区分所有物件については、個々の区分所有者ごとに納税通知書が送付されます。

```
（共有名義）
A氏甲太郎（代表者）　←　納税通知書
B氏乙次郎
C氏丙三郎
```

⑦　閲覧、縦覧制度の形骸化

　固定資産税の納税義務者は、自己が所有している資産について、固定資産税課税台帳をいつでも閲覧してその内容を確認することができます。また、縦覧制度は、縦覧期間中であれば、納税者は自己の土地及び家屋の価格が近隣の他者の土地及び家屋の価格と比較して、自己の資産の価格が適正であるかどうかを確認するための制度です。

　閲覧も縦覧も所有している固定資産の情報について確認をすることができることから固定資産税の課税の誤りがあるかどうかの判断及び是正に役立つといえます。ところが、この閲覧制度や縦覧制度は、各区市町村で公

報しているにも関わらず周知されておらず、制度の存在を知っている土地及び家屋の所有者であっても利用をしていないという現実があります。

⑧ 変更の届出の失念

　納税者の都合で、固定資産税に関する事項についての何らかの変更があった場合には、区市町村に届け出又は申告が必要となる場合が多いです。その変更の届出がなければ、変更後の内容が固定資産課税台帳に反映されず、変更前の状態で課税がなされ続けられることになります。結果として、固定資産税の課税の誤りも含めて課税上の不具合が生ずることになります。届け出が必要な場合には次のようなものがあります。ただ、課税団体である区市町村によって様式や範囲が異なりますので、確認の上手続きをとる必要があります。

　　・住所、氏名に変更があった場合
　　・未登記家屋等の所有権を移転した場合
　　・家屋を取り壊した場合
　　・地目に変更があった場合
　　・家屋の用途を変更した場合
　　・共有者の代表を変更する場合　　　等

　固定資産の所有者は、その所有する固定資産について何らかの変更があった場合には、その変更の届出をしたり、固定資産税を管轄する東京都や市町村に相談をするといった意識を持つことが大切です。

第4 是正制度

(1) 是正措置

　固定資産税の課税に誤りに備えて地方税法においても是正措置を設けています。是正措置には次のようなものがあります。

① 市町村長による価格等の決定又は修正
　　価格等を登録した旨の公示の日以後において固定資産の価格等の登録がされていないこと又は登録された価格等に重大な錯誤を発見した場合

↓

　　市町村長は、直ちに固定資産課税台帳に登録された類似の固定資産の価格と均衡を失しないように価格等を決定又は修正し、その旨を納税者に通知することになります（地方税法第417条第1項）。

② 納税者による価格の是正（審査の申出）
イ　原則
　　固定資産課税台帳に登録された価格について不服がある場合

↓

　　納税通知書の交付を受けた日の翌日から起算して3月（平成28年4月1日前は60日）以内に、文書をもって固定資産評価審査委員会に審査の申出をすることができます（地方税法第432条第1項）。

　なお、基準年度（評価替えの年度）は、全ての土地及び家屋が審査の申

出の対象となりますが、第2年度、第3年度は地目の変換、家屋の改築又は損壊等の特別の事情がある場合の対象となります。

　ロ　中古家屋の例外的取扱い
　建築当初の価格に対する審査請求をすることができます（平成25年4月16日東京高裁）。

　ハ　固定資産評価審査委員会
　固定資産税の価格に関する不服は固定資産評価審査委員会に審査の申し出をします。固定資産評価審査委員会は固定資産税の納税者の申し出を受けて審査し決定を行います。そして、その決定内容の通知を処分長である市町村長に通知することになります。納税者はその決定内容に不服がある場合には、納税者は取消訴訟をすることになります。
　固定資産評価審査委員会の委員は、それなりの知識を有しており、公正な判断を行うことができる者でなければならないといえます。そのため固定資産評価審査委員会及びその委員については厳格な規定を設けています。

　㋑　図解

　　　　　　　　　固定資産評価審査委員会の委員等

固定資産評価審査委員
・委員の定数
　　3人以上とし、条例で定める
・委員の選任
　　住民、市町村税の納税義務がある者又は固定資産の評価について学

識経験を有する者のうちから、議会の同意を得て、市町村長が選任
・委任の任期
　3年

|合議体|
・事案毎に3人の合議体で構成
（うち1人を審査長に指定）
　※審査長は口頭審理における指揮権を有する
・合議体の議事は、合議体を構成する委員の過半数により決定
（合議体を構成する委員の過半数の出席が必要）

地方税法第423条
　固定資産課税台帳に登録された価格に関する不服を審査決定するために、市町村に、固定資産評価審査委員会を設置する。
2　固定資産評価審査委員会の委員の定数は三人以上とし、当該市町村の条例で定める。
3　固定資産評価審査委員会の委員は、当該市町村の住民、市町村税の納税義務がある者又は固定資産の評価について学識経験を有する者のうちから、当該市町村の議会の同意を得て、市町村長が選任する。
4　市町村長は、固定資産評価審査委員会の委員が欠けた場合においては、遅滞なく、当該委員の補欠の委員を選任しなければならない。この場合において当該市町村の議会が閉会中であるときは、市町村長は、前項の規定にかかわらず、議会の同意を得ないで補欠委員を選任することができる。
5　市町村長は、補欠の委員を選任した場合においては、選任後最初の議会においてその選任について事後の承認を得なければならな

い。この場合において事後の承認を得ることができないときは、市町村長は、その委員を罷免しなければならない。
6 　固定資産評価審査委員会の委員の任期は、三年とする。ただし、補欠の委員の任期は、前任者の残任期間とする。
7 　固定資産評価審査委員会の委員は、当該市町村の条例の定めるところによつて、委員会の会議への出席日数に応じ、手当を受けることができる。
8 　市町村の設置があつた場合においては、当該市町村の長が選挙されるまでの間当該市町村の長の職務を行う者は、当該市町村の長が選挙されるまでの間は、従来当該市町村の地域の属していた関係市町村の固定資産評価審査委員会の委員であつた者のうちから選任したものをもつて当該市町村の固定資産評価審査委員会の委員に充てることができる。
9 　市町村の設置があつた場合においては、当該市町村の設置後最初に招集される議会の同意を得て固定資産評価審査委員会の委員が選任されるまでの間は、当該市町村の長は、従来当該市町村の地域の属していた関係市町村の固定資産評価審査委員会の委員であつた者のうちから選任したものをもつて当該市町村の固定資産評価審査委員会の委員に充てることができる。

地方税法第425条
　固定資産評価審査委員会の委員は、次に掲げる職を兼ねることができない。
一　国会議員及び地方団体の議会の議員
二　地方団体の長
三　農業委員会の委員
四　固定資産評価員

2 固定資産評価審査委員会の委員は、当該市町村に対して請負をし、又は当該市町村において経費を負担する事業について当該市町村の長若しくは当該市町村の長の委任を受けた者に対して請負をする者及びその支配人又は主として同一の行為をする法人の無限責任社員、取締役、執行役若しくは監査役又はこれらに準ずべき者、支配人及び清算人であることができない。

地方税法第426条
　次の各号のいずれかに該当する者は、固定資産評価審査委員会の委員であることができない。
一　破産者で復権を得ない者
二　固定資産評価審査委員会の委員の職務に関して罪を犯し刑に処せられた者
三　前号に規定する者を除くほか、禁錮以上の刑に処せられた者であつてその執行を終わつてから、又は執行を受けることがなくなつてから、二年を経過しない者
四　国家公務員又は地方公共団体の職員で、懲戒免職の処分を受け、当該処分の日から二年を経過しない者

③　縦覧制度（地方税法第416条第1項）
　　固定資産税の価格は、毎年3月31日までに決定
　　　　　　　　　　　　↓
　　4月上旬、納税者に納税通知書及び課税明細書の送付

　　縦覧制度……自分の土地や家屋の評価額が記載されている縦覧帳簿を
　　　　　　　縦覧（たてにみる）することにより、他者の評価額との
　　　　　　　比較することにより適正か否かを確認する制度

市町村長は、土地価格等縦覧帳簿及び家屋価格等縦覧帳簿を3月31日までに作成しなければなりません（地方税法第415条第1項、2項）。

　　縦覧期間……（原則的）毎年4月1日～4月30日（4月20日又は最初
　　　　　　　の納期限）
　　　　　　　毎年4月1日～5月31日（例：東京都23区以外）
　　　　　　　毎年4月1日～6月30日（例：東京都23区）
　　縦覧できる者……納税者に限定

④　閲覧制度（地方税法第382条の2第1項、387条）
年間を通じて固定資産課税台帳等を随時見ることができる制度です。
　閲覧は、納税者本人だけでなく、借地人、借家人も権利の目的である固定資産の課税台帳等を見ることができるようになっています。

⑤　審査請求（行政不服審査法）
　　固定資産の価格以外の事項について不服がある場合
　　　　　　　　　　　　↓
　　納税通知書の交付を受けた日の翌日から起算して3月以内に市町村長

に対して、文書により審査請求することができます。

⑥ 取消訴訟（地方税法第434条第1項）
　審査申出や審査請求に係る決定又は裁決に不服がある場合
　　　　　　　　　　　　↓
　送達を受けた日の翌日から起算して6月以内に、訴訟を提起することができます。

是正措置の図解
(イ) 【価格に関する不服】

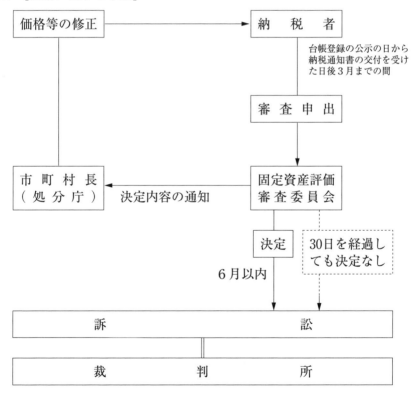

㈺　【価格以外に関する不服】

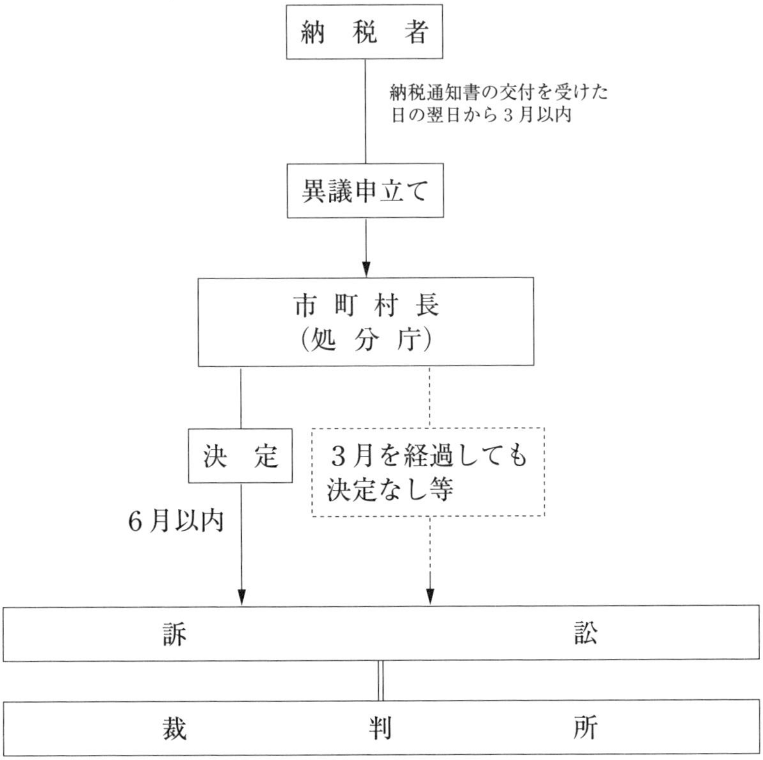

地方税法第434条

固定資産税の納税者は、固定資産評価審査委員会の決定に不服があるときは、その取消しの訴えを提起することができる。

２　第四百三十二条第一項の規定により固定資産評価審査委員会に審査を申し出ることができる事項について不服がある固定資産税の納税者は、同項及び前項の規定によることによつてのみ争うことができる。

（2）還付と還付金の消滅時効——固定資産税の返還

　各市町村の徴収金の過誤納により生ずる市町村に対する請求権及びこの法律の規定による還付金に係る市町村に対する請求権は、その請求をすることができる日から5年を経過したときは、時効により消滅することになります。

　逆に言えば、請求できるのは、返還を求めるということなので納付した後ということになり、納付した日から5年以内であれば、課税の誤りによる固定資産税の返還ができることになります。

```
　　　還付金の消滅時効（地方税法第18条の3）……5年
```

第5　判例等と過徴収金の返還

（1）判例等

　ここでは本書の冒頭で簡単に紹介した判例等についてもう少し詳しく見ていきたいと思います。

① 　浦和地裁判決（平成4年2月24日判決）
イ　訴訟の概要
　埼玉県の八潮市が、本来、住宅用地についての固定資産税の減額の特例は強制的に適用があるにも関わらず、減額をせずに固定資産税を長年にわたり過大賦課徴収していた分について納税者が国家賠償請求の訴訟を起こした事件です。この判決は課税処分がなされたものにつき国家賠償請求が認められた最初の判決となりました。
　それまで、過徴収金の請求権等は5年の消滅時効と考えられており、行政執行上もそのように取扱いがなされていましたが、この裁判で20年の国家賠償請求ができることとなりました。
　国家賠償法は、国や地方公共団体の公務員が、その職務を行うについて、故意又は過失によって違法に他人に損害を加えたときは、国又は公共団体がその損害の賠償責任を負うことを定めています。
　八潮市が固定資産税の課税誤りが生じた責任を認めたため過徴収があったことを受け入れ、結果として上告をせずに確定判決となったことも注目すべき点だと思います。
　この判決の影響は、それまで過大徴収税額の返還は5年までが常識となっていたのが状況によっては最長で20年の返還請求が可能となったこ

とです。

　また、この判決をきっかけとして、このような固定資産税の税額返還が訴訟によることなく、迅速に手続きが行われるように、様々な地方団体において、「過徴収金の返還のマニュアルとしての要綱」を作成するようになってきました。

　ロ　訴訟までの経緯
　本判決は、固定資産税の過徴収金の返還が国家賠償法の適用による国家賠償請求が最大で20年できるということが最も注目されています。
　この裁判の中では、その他にも「固定資産税の課税の誤り」やその「税額の過徴収金の返還」についての問題という観点から注目すべき点がいくつか浮き彫りとなりました。
　問題は「小規模住宅用地の固定資産税の減額特例」の不適用でした。先述の如く、住宅用地の固定資産税の減額特例は任意の適用ではなく、当然に適用がされるべき減額特例制度です。これに対して、八潮市は小規模住宅用地の減額の適用対象者に対して、減額の特例の適用がある旨の「申告」を義務付ける条例を設けました。そして、八潮市はその「申告」があった者のみに減額特例の適用をして固定資産税を賦課し、その「申告」がなかった者には減額特例の措置を取りませんでした。
　これに対して、埼玉県の行財政診断において問題の指摘を受けています。問題は、減税特例の要件を具備するのにその特例の適用を受けていないことです。この指摘を受けて、八潮市は過納税額を還付しました。ただし、還付が行われたのは、5年以内の分だけであって、5年を超える期間のものについては還付しませんでした。これは、地方税法に期間制限（地方税法第17条の5）や消滅時効（地方税法第18条の3）として5年と規定されていることを根拠にしたものでした。

第5　判例等と過徴収金の返還　95

地方税法第17条の5
　更正又は決定は、法定納期限（随時に課する地方税については、その地方税を課することができることとなつた日。以下この条及び第十八条第一項において同じ。）の翌日から起算して五年を経過した日以後においては、することができない。加算金の決定をすることができる期間についても、また同様とする。
2　前項の規定により更正をすることができないこととなる日前六月以内にされた第二十条の九の三第一項の規定による更正の請求に係る更正は、前項の規定にかかわらず、当該更正の請求があつた日から六月を経過する日まで、することができる。当該更正に伴う加算金の決定をすることができる期間についても、同様とする。
　　　　　　　　　　　（以下省略）

地方税法第18条の3
　地方団体の徴収金の過誤納により生ずる地方団体に対する請求権及びこの法律の規定による還付金に係る地方団体に対する請求権（以下第二十条の九において「還付金に係る債権」という。）は、その請求をすることができる日から五年を経過したときは、時効により消滅する。
2　第十八条第二項及び第三項の規定は、前項の場合について準用する。

　これに対して、原告らは、返還されなかった部分について国家賠償法（第1条第1項）による損害賠償を求めました。

> **国家賠償法第1条**
> 　国又は公共団体の公権力の行使に当る公務員が、その職務を行うについて、故意又は過失によつて違法に他人に損害を加えたときは、国又は公共団体が、これを賠償する責に任ずる。
> 　　　　　（第2項省略）

　ハ　取消訴訟等との違い

　この判決では、「賦課決定については当然に無効と解することはできない。」として八潮市が当初行った固定資産税の賦課決定の取消とはなっていません。その理由は、課税手続き上の特例措置を看過した瑕疵であって、課税要件の根幹に関わる重大なものでないことであるからです。

　つまり、本判決では課税処分の取消しがなされずに過払い税額の返還がなされたことになります。

　ニ　「申告」の取違い

　固定資産税の課税方法は賦課徴収方式です。納税義務者が自ら課税標準額や税額を計算して、納税する申告納税方式ではありません。賦課徴収方式では、課税当局が課税標準額や税額計算等をして、その内容が記載された納税通知書等を納税義務者に対して送付し、それに従って納税義務者は記載された税額を納付するということになります。

　今回の事件では、八潮市が地方税法第384条第1項本文を根拠として、必要な事項を納税義務者に対して申告をさせています。この申告は課税当局が、行政減額特例の要件に該当する事実の把握を容易にしようとしただけの意味しかなく、減額特例の適用要件として申告が必要というわ

けではないことです。
　つまり、固定資産税の賦課決定は、市町村長の納税義務者に対する納税通知書の交付によってされるのであって（地方税法第364条）、納税義務者からの申告によるものではないということを明らかにしています。
　この点について判決では、申告がないからといって、減額特例の適用をしないとすることは許されないし、市長が納税義務者に対して他に調査のための何らの手段を講ずることもなく減額特例を適用しないで賦課決定したのは軽率で、過失があり、租税法規に違反する違法性があるとしています。
　つまり、ここでは、市長がするべきことを怠っておきながら減額特例の適用しない賦課決定は違法で、何らかの手段を講ずるべきであることを示しています。

ホ　課税処分について
　行政不服審査上の異議申立て又は審査請求及びこれに続く取消訴訟の提起等は、専ら租税の賦課処分の効力を争うものとしています。
　今回の事件は、課税処分の効力を争うものではなく、課税処分が違法で、それによって被った損害の回復を図ろうとすることから国家賠償法の適用が認められたものです。

ヘ　消滅時効について
　地方公共団体に対する権利の時効による消滅については、地方自治法第236条に5年間とあります。しかしながら、国家賠償法ではその第4条において「損害賠償責任については民法による」との定めがあります。そのため、ここでは地方自治法の消滅時効の規定の適用はされないことになります。
　結果として、国家賠償法の適用がある場合の消滅時効については民法

第724条によることになります。民法第724条によると最長で20年までは損害賠償の請求が可能となります。

ここで、民法第724条では、被害者が損害および加害者を知った時から3年間という期間の制限もありますが、本件について、減額特例が適用されなかったため固定資産税を過大に納付してきたことを知ったのは「新聞報道」によってであるとしています。

本件においても納税義務者には、当然に納税通知書が送付されています。送付されているからこそ納付があり、その納税通知書に記載されている内容に減額特例が適用されておらず納付税額が誤っており、納税義務者は結果として過大税額を納付させられていたということになります。それにも関わらず、固定資産税を過大に納付してきたことを知ったのは「新聞報道」によってであるとしたのは注目すべき点だと思います。

国家賠償法第4条

　国又は公共団体の損害賠償の責任については、前三条の規定によるの外、民法の規定による。

民法第724条

　不法行為による損害賠償の請求権は、被害者又はその法定代理人が損害及び加害者を知った時から三年間行使しないときは、時効によつて消滅する。不法行為の時から二十年を経過したときも、同様とする。

地方自治法第236条

　金銭の給付を目的とする普通地方公共団体の権利は、時効に関し他の法律に定めがあるものを除くほか、五年間これを行なわないときは、時効により消滅する。普通地方公共団体に対する権利で、金

2　金銭の給付を目的とする普通地方公共団体の権利の時効による消滅については、法律に特別の定めがある場合を除くほか、時効の援用を要せず、また、その利益を放棄することができないものとする。普通地方公共団体に対する権利で、金銭の給付を目的とするものについても、また同様とする。

3　金銭の給付を目的とする普通地方公共団体の権利について、消滅時効の中断、停止その他の事項（前項に規定する事項を除く。）に関し、適用すべき法律の規定がないときは、民法（明治二十九年法律第八十九号）の規定を準用する。普通地方公共団体に対する権利で、金銭の給付を目的とするものについても、また同様とする。

4　法令の規定により普通地方公共団体がする納入の通知及び督促は、民法第百五十三条（前項において準用する場合を含む。）の規定にかかわらず、時効中断の効力を有する。

ト　図解

　　八潮市の条例で申告を義務付けた！
　　　　申告があった者　→　減税特例の適用
　　　　申告が無かった者　→　減税特例の措置をあえて採らなかった。

　　10年以上経過　⇩

　　　埼玉県の行財政診断で発見！
　　　　　　減税特例の要件を具備するのに適用を受けていない。
　　　　　　適切な処理を行う必要を支持

　　八潮市
　　　　昭和58年以降……過納税額を還付（5年以内）
　　　　昭和58年前………期間制限（地方税法第17条の5）
　　　　　　　　　　　　　還付金の消滅時効（地方税法第18条の3）

単なるミス……賦課決定そのものは無効ではない。

「減税の特例」の適用については申告要件はない
　　※ここでの申告……手続きを容易にするためだけのもの
　　「申告」という表現をしても、固定資産税は『賦課決定』であって『申告納税』ではない
　∴ほかに調査のための何らの手段を講ずることもなく
　　　　　　　　　　　↓
　減税特例を適用しないで固定資産税の賦課決定をしたのは
　　　　　　　　　　　　　　　　　　……甚だ軽率！
　　　　　　　　　　　　　　　　　　　　↓
　　　　　　　　　　　　　　　　　　過　　失
　　　　　　　　　　　　租税法規に違反→違法性を有する

※課税処分の取消訴訟による返還ではなく　→　国家賠償請求！
　　国家賠償法第１条……損害の救済
　　　　↓
　　国家賠償法第４条……期間制限（消滅時効）
　　　　↓
　　民法第724条…………最長で20年
　　　　　　　　　知った時から３年
　　　　　　　　　　　　↑
　　　　　　　　　昭和63年２月14日の新聞報道

② 最高裁判決（平成22年6月3日判決）
イ 訴訟の概要

　愛知県の名古屋市が、倉庫の固定資産税の賦課決定の前提となる価格の決定について、評価を誤った違法があるということで、それによる固定資産税等の過納金及び弁護士費用相当額の損害賠償等を倉庫の所有者が求めた事件です。しかも所定の不服申立手続を経ることなく、国家賠償法第1条第1項に基づき訴えたものでした。

　この判決は価格に関係するものであったとしても、地方税法上の審査請求、取消訴訟を経ることなく国家賠償請求できる場合があるとした判決です。

　固定資産税の価格に不服がある場合には、不服申立制度を利用して、これにより解決できない場合には、課税処分の取消を求める訴えを提起できるとして、不服申立前置主義を採用しています。これまでは、その不服申立てである審査請求や取消訴訟によって賦課された税額が課題であるとの判断が下されることなくして、税額の返還はされないものと考えられていました。

　この判決は、不服申立前置主義とは別の次元で裁判を行った上での判決となっています。固定資産税における価格に関する不服申立制度は、固定資産評価審査委員会に審査を申出をすることによって審査が行われます。そして、その審査による決定の取消を求めるために訴えによる争いができるものとされています。

　この判決では、固定資産評価審査委員会に審査の申し出をすることができるのは、固定資産課税台帳に登録された価格自体の修正を求める手続きに関するものであるとしています。

　本件は、価格の決定が公務員の職務上の法的義務に違背してされたことによる固定資産の価格ないし固定資産税等の税額を過大に決定していました。判決では、これにより損害を被った納税者は審査の申し出及び

取消訴訟等の手続きを経るまでもなく国家賠償請求をできるとしたものでした。

ロ　訴訟までの経緯

　本判決は、価格に関する不服であったとしても、必ずしも固定資産評価審査委員会への審査の申し出や取消訴訟等の不服申立前置主義によらずとも、納税義務者の被った損害によっては国家賠償請求ができるということが最も注意されています。

　問題の発端は名古屋市が、倉庫の評価を誤ったことです。問題となった倉庫は一般用の倉庫ではなく、冷凍倉庫に該当するものでした。冷凍倉庫とは、冷凍倉庫の建物や塩素その他の著しい腐食性を有する液体又は気体の影響を直接全面的に受ける建物等です。冷凍倉庫は、一般用の倉庫に比べて劣化が激しいものになっています。固定資産税における固定資産の価格の評価については、地方税法及び固定資産評価基準によって定められています。冷凍倉庫については、一般用の倉庫に比べて固定資産の価格も減価する割合が大きくなっています。しかしながら、名古屋市は固定資産税の賦課にあたり、冷凍倉庫を一般用の倉庫として価格を決定していました。つまり、ここに賦課決定の前提となる価格の決定に評価を誤った違法があり、評価の誤りについて過失が認められると納税者側は考えました。その結果、国家賠償法に基づいて損害賠償等を求めることとなりました。

ハ　2つの行政救済制度

　この裁判の補足意見では、2つの行政救済制度があることを明らかにしています。1つが行政上の不服申立手続及び抗告訴訟で、違法な行政行為の効力を争いその取り消しを求める制度です。そして、もう1つが、国家賠償法による国家賠償請求で、違法な公権力の行使の結果生じ

た損害をてん補するための制度です。両者はその目的・要件・効果を異にしており、別個独立の手段として、あいまって行政救済を完全なものとしていると理解することができるとしています。

　また、国家賠償法は憲法第17条を根源とする制度であって歴史的意義を有し、被害者を実効的に救済する機能のみならず制裁的機能及び将来の違法行為を抑止するという機能を有しているとしています。結果、国家賠償請求は行政処分の取消し又は無効確認の判決を得なければならないものではないと意見が述べられています。

> **憲法第17条**
> 　何人も、公務員の不法行為により、損害を受けたときは、法律の定めるところにより、国又は公共団体に、その賠償を求めることができる。

ニ　各市町村の対応について

　この裁判では、同種事件についての他の市町村の返還状況についても触れられています。課税誤りが確認された市町村では、地方税法及び各市町村の過徴収金返還要綱などに基づいて納税者に過徴収金を返還しています。ただ、返還の範囲は市町村によって大きく異なっています。国家賠償法による最長の20年分を返還している市町村どころか、全期間の過徴収金を返還している市町村もあるようです。また、少なくない市町村において、過去5年分あるいは10年分しか返還していないようです。そのため、各地で返還を求める訴訟が起きており、この裁判の時点ですでに判決に至った訴訟もあったようです。

ホ 「過徴収金返還要綱」の存在意義と問題

　この裁判時に名古屋市においては「名古屋市固定資産税等返還支払要綱」が存在していました。この要綱は前述の浦和地裁判決の影響を受けて設けられた「過徴収金返還要綱」です。にもかかわらず、名古屋市はこの要綱を適用しませんでした。

　なお、名古屋市以外の多くの市町村でも浦和地裁判決の影響を受けて「過徴収金返還要綱」を設けていますが、これを適用せず、5年分の過徴収金しか返還しない市町村も多く存在しているようです。さらには、「過徴収金返還要綱」が存在することさえも説明しない市町村があるようです。

　そもそも「過徴収金返還要綱」は税額の過徴収金が発覚した場合に、円滑かつ迅速に過徴収金の返還が行われるように設けられたはずのものです。それが、実際に税額の過徴収金が発覚したとしても「過徴収金返還要綱」が機能していない場面が数多くあるということになります。これは大きな問題点といえるでしょう。

へ　図解
　　㋑　行政上の不服申立手続及び抗告訴訟
　　　　　違法な租税の賦課処分
　　　　　　　専ら行政不服審査上の異議申立て、審査請求、取消訴訟
　　　　　の提起等
　　　　　※　租税の課税処分の効力
　　　<u>行政不服審査上の異議申し立て又は審査請求及びこれに続く取消訴訟等</u>
　　　　　　　　　↓
　　　　　専ら<u>租税の賦課処分の効力を争うもの</u>

　　㋺　国家賠償法
　　　　　<u>租税の賦課処分が違法であることを理由とする国家賠償請求</u>
　　　　　　　　　↓
　　　　　違法な租税の課税処分によって被った損害の回復を図るもの

　　　　㋑と㋺両者は、その制度の趣旨・目的を異にする！

③ 新座市の課税ミスと対応

イ 発端となった課税ミスの発覚

「固定資産税の課税誤りにより家を失う」という新聞報道は衝撃的な印象を受けました。平成25年に固定資産税等を滞納している納税義務者が税金を払わないままの状態が続き、その住まいとしていた土地建物に対する新座市による滞納処分が執行され、公売にかけられた結果、その住宅を失うことになりました。滞納税額は延滞金を含めて約800万円だったそうです。

本件も、小規模住宅用地の特例措置の漏れによる過大税額の徴収が原因です。

その後、この土地建物の公売物件を落札した不動産業者が、固定資産税の課税に誤りがあるのではないかと疑問を持ち、新座市に調査依頼をし、その調査の結果20年超にわたり税額の過大徴収が発覚するに至りました。

ロ 返還と救済の限界

新座市の謝罪とともに20年分の固定資産税及び延滞税の返還が行われました。その返還金額は約240万円とのことです。新座市は、事態の重要性を鑑み調査し、問題を認識し迅速に対応したともいえます。しかし20年を超える部分の固定資産税の課税ミスの税額の返還がなされることはありませんでした。そして、公売が行われたことにより不動産の所有権も回復することがないといった問題を浮き彫りにすることになりました。

20年の時効（除斥期間）が被害者の救済としての限界を示したものといえます。しかしながら、前述の名古屋市の事件裁判の中で示されているように、課税の誤りがあった全期間及び過徴収金の全額の返還をしている市町村もあるようなので、20年の期限以外にも救済の余地があるの

かもしれません。

　いずれにせよ、ここでの新座市の事件では、20年分の過大徴収分のみの返還がなされ、失った住み慣れた家は返ってくることはありませんでした。延滞金は比較的高利に感じることがあります。巨額となった滞納税額を示され、家を失い、誤りによる税額があったこと等、精神的なショックも少なくなかったのではないでしょうか。

　ハ　特別班の設置と再調査

　新座市は、事態を重く受け止め、特定の地域において全体として生じた課税ミスと考え、翌年の平成27年7月に固定資産税の特別班を設置し、新座市内全ての土地、家屋について再調査を行う固定資産全件調査を行いました。この固定資産全件調査は平成28年4月には完了したようです。

　この調査の結果、やはり地域的に固定資産税の過大な徴収がされていたというミスが判明したものです。賦課誤りの件数は次のとおりです。

　　過徴収　　　2,849件
　　過少賦課　　　210件
　　（合計）　　3,059件
　　※　過徴収に伴う返還額　約7億5,981万円

誤りの主な内容は次のとおりです。
- 小規模住宅用地の適用誤り
- 土地の一体利用状況の把握漏れ
- 市街化調整区域内にある家屋に対し都市計画税を賦課していたもの
- 住宅、雑種地、農地等の現況地目と課税地目の相違
- 滅失家屋に対する課税

・　公衆用道路等の非課税資産に対する課税誤り
・　増築家屋に対する評価額算出の誤り

ニ　賦課誤りの防止策
　新座市は、この賦課誤りについての防止策を公表しています。次のようなものがあげられています。
・　職員間の連携
・　チェック体制の強化
・　現地調査の徹底
・　制度の周知

（２）過徴収金の返還に関する要綱

　平成４年２月24日浦和地裁判決後、地方自治体によっては、過徴収金があることが明らかとなった場合に、迅速なる返還に対応できるようにマニュアルとしての過徴収金の返還に関する要綱を設けるようになりました。
　確かに、固定資産税の過徴収金についてはマニュアルを作成している市町村は増えたと言えるでしょう。しかしながら、過徴収金を納税者や税理士その他その現況を知った者から指摘を受けたとしても、その返還請求に対して課税団体である市町村の現場の認識が薄く対応がなされないケースもあると思われます。その典型例が名古屋の訴訟の例といえるでしょう。
　そして各自治体の資料、書類の保存期間の標準が10年となっていますので、固定資産税の過徴収金の返金基本は10年です。しかしながら、保存期限が10年としながらもそれを超える期間文書の保存をしている自治体は、内容が把握できる限り10年を超える期間に対応する超過税額についても20年までは当然に返還に応じなければなりません。課税の誤りを指摘し、超過税額の返還を納税者が求める場合には、納税者自らが資料を用意しなけ

ればならない場合もあります。最近では、文書の保存期間を条例で20年としている市町村も多くなってきているようです。これにより、それぞれの市町村における固定資産台帳の保存期間に応じた返還や納税義務者が保存していた領収書等により確認できる範囲で、最高20年分を返還する市町村が増えてきています。

① 10年以下
　市町村役場の保存期間
② 10年超20年以下
　本人が自己証明……立証

（3）国家賠償法

　平成22年6月3日の最高裁判決を受けて、状況によっては不服申立手続きを経ることがない場合であっても、固定資産税の評価や課税誤りによる税額についても国家賠償法により国家賠償を請求することができる可能性が出てきました。

　つまり、公務員として職務上通常尽くすべき注意義務を尽くすことの無いような場合には、国家賠償が認められるような違法になると判断されました（国家賠償法第1条）。

　ただ、単にその評価や課税に誤りがあるというようでは、取消訴訟で取消すべき処分となります。この場合、民法の不法行為による時効から最高20年の損害賠償請求ができることとなります（民法第724条）。

第6　固定資産税上の誤りが及ぼす影響

(1) 固定資産税独自の影響（都市計画税を含む）

① 毎年課税

　固定資産税は、毎年1月1日（賦課期日）現在の固定資産の所有者に対して課税がなされます。固定資産税の課税はその固定資産の価格を基礎として課税標準額が決められ毎年課税が行われます。もし、固定資産の価格の決定方法に誤りがあるとした場合、その誤りが修正されない限りは、誤った課税がされ続けるということになります。つまり、同じ固定資産税評価額を基に課税がなされる不動産取得税は取得時に一時だけの課税に対する影響なのに対して、固定資産税は毎年その課税の誤りが生じるといった問題があります。固定資産税の課税対象のうち、まだ土地については価格の見直しが3年置きに評価替えがなされるので、その見直しの際に課税の誤りについて気が付く可能性があります。これに対して家屋については、その家屋が取り壊されない限り誤った課税がされ続ける可能性があります。

　つまり、納税義務者が課税の誤りに気が付かなければ毎年誤った税額を支払い続けるということになります。

```
　一つの誤りの原因　━━▶　毎年　固定資産税の課税の誤り
```

② 不動産登記の失念や手続き上のミス
イ　不動産登記と固定資産税
　固定資産税は区市町村に備え付けてある固定資産課税台帳の情報に基づいて課税がなされます。不動産登記の内容が固定資産課税台帳に連動して記載されるので固定資産税の課税に影響を与える部分が大きいといえます。不動産登記の概要と固定資産課税台帳の関係について触れます。
　不動産登記制度については土地や建物といった不動産の所有者であっても、あまり知らないという人も多いのではないでしょうか？
　登記関係の用語が「法務局」なのか「登記所」なのか、「登記記録」と「登記簿」、「登記簿謄本」と「登記事項証明書」・「登記事項要約書」といった具合に同じものでも違う表現をすることがあります。不動産に関することに普段接する機会が多い人は当たり前のように理解している一方で、不動産に関することに普段接する機会が少ない人は用語の混乱が生じます。この用語の混乱が自らの不動産に関する情報の取得の弊害の一つになっているように思います。これは、登記制度におけるコンピュータ化の影響によるものであり、実質同じものがあります。

　(イ)　不動産登記
　不動産登記は、不動産取引の安全と円滑を図る役割を担っており土地や建物の所在、面積、所有者の住所・氏名などを公の帳簿に記載し、これを一般公開する制度です。この公の帳簿のことを「登記簿」といいます。この不動産登記の制度により権利関係などの状況が誰にでも分かるようにすることによって取引の安全と円滑を図ることを目的としています。
　「登記簿」は登記所に備え付けてあり、登記所では所定の請求書を提出することによって、誰でも登記事項の全部又は一部を証明した書

面である「登記事項証明書」や登記事項の概要を記載した書面である「登記事項要約書」の交付を受けることができます。登記所は法務局（支局、出張所を含む。）です。

㈹　「登記事項証明書」と「登記事項要約書」

　「登記事項証明書」は、その名の通り登記事項に関して証明書としての役割を当然に持っているのに対して「登記事項要約書」は登記事項についての事実が記載されていますが、あくまでも要約書ですので状況によって不足するといえます。「登記事項証明書」には、その記載内容によって「全部事項証明書」「現在事項証明書」「閉鎖事項証明書」の3種類のものがあります。なお、「登記事項証明書」は「登記簿」に記載されている内容の写しと言うことができますから「登記簿謄本」とも呼ばれます。

【名称と内容】
・登記所……法務局・支局・出張所
・登記記録……登記簿
・登記簿謄本……登記事項証明書
　　　　　　（全部事項証明書・現在事項証明書・閉鎖事項証明書）
・登記事項要約書……登記事項の概要のみ

　「閉鎖事項証明書」は過去における閉鎖された内容ですので、現在の固定資産の状況に関わる内容は基本的には無いと思われます。これに対して「現在事項証明書」は現在の状況に関わる内容の記載がありますので、現在の固定資産にも関わる内容が存在することになります。「全部事項証明書」についても現在の状況に関わる内容の記載が

ありますので、現在の固定資産にも関わる内容が存在することになります。

また、「登記事項要約書」は登記事項についての概要ですが、事実が記載されています。そのため、現在の固定資産の状況に関わる内容の記載となりますので、関わる内容ということになります。

(ハ) 登記記録の内容

不動産登記については、土地又は建物について登記記録がなされています。固定資産税は、土地又は家屋の所有者に対して課税がなされます。つまり、固定資産税については建物に対する課税という表現ではなく、家屋に対する課税ということになります。登記記録（登記簿に記載されている内容）には次のようなものがあります。

【登記記録】（登記簿に記載されている内容）
　※　1筆（1区画）の土地又は1個の建物ごとに「表題部」と「権利部」に区分して作成

【表題部の記録事項＝表示に関する登記】
　土地……所在、地番、地目（土地の現況）、地積（土地の面積）等
　建物……所在、地番、家屋番号、種類、構造、床面積等
　なお、「地番」「家屋番号」は、住居表示番号（住所）とは異なる場合もあるので注意が必要です。

【権利部（甲区）の記録事項】
　所有者に関する事項が記録されています。所有者については現在の所有者だけではなく、典型的な内容は、その土地又は建物の所有者の住所、氏名及び申請書受付の年月日、受付番号、所有権移転の原因(売

買、相続など）です。

【権利部（乙区）の記録事項】
　抵当権など所有権以外の権利に関する事項が記録されています。例えば抵当権設定、地上権設定、地役権設定に関する内容です。

㈡　「登記事項要約書」
　「登記事項要約書」は、そもそも従来の閲覧制度に代わる制度として採用されたもので、その現在において効力を有しているものの主な登記事項で次のような記載がされています。
　　・不動産の表示に関する事項（所在、地番、地目、地積、家屋番号、床面積等）
　　・現在の所有者の住所、氏名及び申請書受付の年月日、受付番号
　　・甲区（所有権に関する事項欄）
　　・乙区（所有権以外の権利に関する事項欄）
　「登記事項要約書」の内容であっても自己の固定資産税に関係する内容を確認することができるといえます。

ロ　固定資産課税台帳
　固定資産課税台帳は、区市町村が固定資産の状況及び固定資産税の課税標準である固定資産の評価額等を明らかにするために備えなければならない台帳です。固定資産課税台帳の内容は、固定資産税の課税のための重要な基礎情報なので、正しい課税のために当然ながら事実が正確に記載されている必要があります。仮に、固定資産課税台帳に誤りの内容の記載がなされていたとした場合には、固定資産税の課税に誤りが生じている可能性があります。
　固定資産課税台帳には、土地課税台帳、土地補充課税台帳、家屋課税

台帳、家屋補充課税台帳及び償却資産課税台帳の5つの台帳があります が、それぞれ次のような内容が総務省令で定めるところによって登録さ れています。

(イ) 土地課税台帳
　（登記簿に登記されている土地について）
　　・土地の所在する市、区、郡、町、村及び字、地番
　　・地目
　　・地積
　　・その他一定の登記事項
　　・所有権等の登記名義人の住所及び氏名又は名称
　　・土地の基準年度の価格又は比準価格

(ロ) 土地補充課税台帳
　（登記簿に登記されていない土地で固定資産税を課することができ るものについて）
　　・所有者の住所及び氏名又は名称
　　・その所在
　　・地番
　　・地目
　　・地積
　　・基準年度の価格又は比準価格

(ハ) 家屋課税台帳
　（登記簿に登記されている家屋について）
　　・建物の所在する市、区、郡、町、村、字及び土地の地番
　　・区分所有である建物にあっては、当該建物が属する一棟の建物の

所在する市、区、郡、町、村、字及び土地の地番
・家屋番号
・建物の種類、構造及び床面積
・建物の名称があるときは、その名称
・その他一定の登記事項
・所有権の登記名義人の住所及び氏名又は名称
・基準年度の価格又は比準価格

(ニ)　家屋補充課税台帳

（登記簿に登記されている家屋以外の家屋で固定資産税を課することができるものについて）
・所有者の住所及び氏名又は名称
・その所在
・家屋番号
・種類、構造、床面積
・基準年度の価格又は比準価格

(ホ)　償却資産課税台帳

・償却資産の所有者の住所及び氏名又は名称
・その所在
・種類、数量及び価格

土地登記簿の内容	——→	土地課税台帳
建物登記簿の内容	——→	家屋課税台帳
	（記載される）	

これらの固定資産課税台帳に記載している内容に誤りが記載されて

いないかについて注意を払わなければならないということが言えます。そのために固定資産税における閲覧制度は重要ということになります。閲覧制度を利用すれば、いつでも自己の所有している資産について固定資産課税台帳に記載されている内容について確認することができます。

この閲覧制度を利用する際に登記所で入手した不動産の「登記事項証明書」や「登記事項要約書」を持参していくと手続きも早く、仮に固定資産課税台帳に記載されている内容に誤りがあった場合に比較的にその誤りを見つけやすいといえるでしょう。

なお、固定資産課税台帳では固定資産のうち不動産を土地又は家屋と表現していますが、不動産登記においては、土地又は建物と表現しています。

```
登記されている土地     →  土地課税台帳
登記されている建物     →  家屋課税台帳
登記されていない土地   →  土地補充課税台帳
登記されていない建物   →  家屋補充課税台帳
```

ハ　不動産登記の失念や不実の登記の影響

不動産の登記事項に誤りがあると、固定資産課税台帳にも誤りが記載されることになり、結果として固定資産税の課税の誤りが生じることになります。不動産の登記事項に誤りが生じるケースとしては、不動産の登記内容について変更があった場合において、その変更内容が登記簿に反映されていないことが考えられます。このような状況を不動産の登記の失念といいます。また、不動産登記の内容が真実の内容と異なっていることもあります。このような状況を不実の登記といいます。

(イ) 不動産登記の失念

　土地や家屋の所有権が、譲渡や相続・贈与その他の理由により移動があった場合には、不動産登記簿においても変更の届出をする必要がありますが、その変更登記がなされていないときは、固定資産税の課税台帳に前の所有者がそのまま登録されたままというのが原則となります。このように不動産登記の変更がなされるまでは、前の所有者に対して固定資産税の納税通知書が送付されてしまうことになります。

　固定資産税の納税通知書は、同一の市町村に所在している土地や家屋については名寄せにより一括して作成されているので、その納税通知書に同封してある明細書を意識して確認しなければ、譲渡した土地や家屋の固定資産税が課税され続けられていることに気が付かないかもしれません。

　土地の地目の変更や家屋の用途変更も多く行われていますが、その変更の登記や区市町村に対する届出等が適正に行われなければ、それ以前の固定資産税の状況で課税が行われることになります。固定資産課税台帳の内容が変更されなければ、固定資産税の課税の誤りが発生するということになります。

　また、その家屋が取り壊された場合であったとしても、その家屋の滅失の不動産登記がなされていない等で家屋課税台帳に登録されたまま課税され続けるということもありうるので注意が必要です。

(ロ) 不実の登記と固定資産課税台帳の誤り

　不動産登記の変更等の登記事務は登記所において行われますが、現在の登記所としての登記事務は法務局内で行われています。固定資産課税台帳のうち、土地課税台帳には登記簿に登記されている土地について、不動産登記法により登記する事項が、家屋課税台帳には登記簿に登記されている家屋について、不動産登記法により登記する事項が

記載されることになっています。したがって、不動産登記事項に誤りがあれば、固定資産課税台帳についても誤りが存在するということになるわけです。

　さらに、法務局における不動産登記の事項と固定資産課税台帳に記載されている事項が何らかの手続き上のミスで一致していない場合においても固定資産税の課税の誤りが生ずることになりますので、法務局の不動産登記の事項イコール固定資産課税台帳に記載されている事項の確認をすることが必要です。この場合、法務局における不動産登記事項が固定資産課税台帳に記載されるのであるから異なることが記載されてるはずが無いという考え方は、チェックをするという観点から言えば問題があることでしょう。

毎年1月1日（賦課期日）現在の固定資産の所有者
　↓
固定資産課税台帳に所有者として登録してあると納税通知書が送付
　↓
基本的には、不動産の登記簿に所有者として登記されている者と同じ

（法務局）　　　　　　　　　（区市町村）

　　　　　　　　　　確認
　不動産登記簿 ─────── 固定資産課税台帳

③ 累積額の巨額化
イ 過大徴収

　固定資産税の課税に誤りが存在するとその修正がなされるまで、その誤りの金額の差額が毎年分累積されてしまうことになります。結果、誤りの税額の金額が高額となる可能性があります。固定資産税の課税の誤りが過大徴収であったとしたならば、その固定資産の所有者である納税義務者は過重な納税の負担を強いられることになり、生活資金や事業資金を圧迫することが考えられます。毎年の生活や事業を苦しめる場合もあれば、資金繰りのために借り入れをして、そのために気が付いてみたら多額の借金を抱えてしまっていたという場合もあるでしょう。更には、借り入れによる過払い金を生じさせているかもしれません。それが、固定資産税の課税の誤りが原因になっているかもしれないというわけです。

　また、行政側の滞納処分の不手際がその納税負担額の増加をもたらす場合もあるようです。たとえ固定資産税の誤りのない適正な課税だったとしても、税金の納付が滞っているということは重大な問題です。税金が滞納した場合には、納税義務者の滞納の状態を早期に解決する必要があります。

　納税義務者は、滞納が長く続くとその分利息としての延滞金を負担しなければなりません。行政側が滞納者の相談に積極的に乗らず長年滞納状態にあり、延滞金だけでも大きな金額になっていることもあります。延滞金以外にも滞納についての督促の度に督促手数料も請求されます。それが、誤った過大徴収の分の延滞金まで負担させられたらたまったものじゃありません。

　実際に問題になった例のように固定資産税の過大徴収の累積が、誤った滞納税額の原因となり、その固定資産税の滞納があったものとして滞納処分により住む家を失うという被害を被る事件も起きています。

ロ　課税漏れ

　逆に固定資産税の課税漏れが数年に及ぶことは、課税団体である区市町村の財政収入の大幅な漏れを生じさせ、財政を圧迫する結果を招く可能性もあります。実際に課税漏れが地方議会で問題になり、徴収をあきらめた事件も起きています。自治体であったとしても財政破たんを経験することもあります。自治体の課税漏れが広範囲で数年に及ぶ可能性がある固定資産税を軽んじることは許されないといえるでしょう。

　いま地方団体である都道府県や市町村では「ふるさと納税」が盛んな自治体もあります。「ふるさと納税」は、各自治体が自らの地域のPRを行い広い範囲から寄附金をお願いする制度で、寄附金の支出をした人には税制の優遇があったり、特典品を受け取れるようになっています。つまり、各自治体の努力次第で財政が潤うということになります。いくら「ふるさと納税」の努力をしても、その一方で財政危機を招く要因の固定資産税の課税漏れがあったのでは効率が悪い結果を招くことでしょう。

　固定資産税の過大徴収や課税漏れはいずれにしても、固定資産税の税額の誤りの累積の結果は巨額となる可能性があるので問題が大きいといえます。

```
誤りの税額　→　（長年）　累積額が巨額に！
```

```
過大徴収　→　納税者の資金を圧迫
　　　　　　※　住んでいた家を手放さなければならない事件も発生

課税漏れ　→　区市町村の財政を圧迫
```

④ 都市計画税での問題

　都市計画税の特徴は、その課税が固定資産税とセットになっているということでしょう。都市計画税は、都市計画法に基づいて行う都市計画事業又は土地区画整理法に基づいて行う土地区画整理事業に要する費用に充てるために課される目的税としての市（区）町村税です。都市計画税は、固定資産税と同様に土地や家屋の所有者として、毎年1月1日（賦課期日）現在、固定資産課税台帳に登録されている者に課税がなされます。都市計画税の納税義務者には、固定資産税とセットになった納税通知書が送付されます。

　しかし、固定資産税のように全ての所有者が納税義務者となるわけではありません。都市計画税は、簡単に言えば都市計画のある地域について、その都市化及びその維持をするための負担をその地域の固定資産の所有者に求めようとするものです。ですから原則として都市計画法による市街化区域内に所在する土地や家屋の所有者に限定して納税義務を課しています。なお、償却資産に対する都市計画税の課税はありません。

　都市計画税の税額計算及び課税方式が固定資産税と同じであることから、固定資産税と同様の問題が生じることになります。つまり、都市計画税はその税額の計算要因である課税標準額の計算等が固定資産税と同じであるため、言い換えると固定資産税の評価額を基に計算がなされるため、固定資産税の誤りがそのまま都市計画税の誤りに反映することになります。したがって、都市計画税の誤りも毎年生じる可能性があり、また、その誤りの累積額はたとえ固定資産税に比べて税率が低いからと言っても固定資産税と合計して納めることとなるので、固定資産税と合わせて巨額となる可能性があります。

都市計画税は、一定の地域に所在する土地・家屋にのみ課税
　　　　↓
　　都市計画法による市街化区域内

（課税方式）
　　固定資産税と同じ
　　　　↓
　　問題点も同じ（毎年の問題、累積額が巨額となる可能性）

【都市計画税の概要】
(納税義務者)
　固定資産税の納税義務者のうち毎年1月1日（賦課期日）現在、市街化区域内に土地及び家屋の所有者
(納税方法)
　固定資産税の納税通知書と一緒に記載されている内容に基づき納付書に記載されている固定資産税の年4回の納期限までに固定資産税とともに納付
(課税標準額)
　原則として評価額が課税標準額（固定資産税と同様）
(負担調整措置)
　固定資産税と同様の負担調整
(住宅用地の特例……軽減措置)
　小規模住宅用地（200m² 以下）
　　評価額 $\times \dfrac{1}{3}$
　一般住宅用地（200m² 超の部分）
　　評価額 $\times \dfrac{2}{3}$
(市街化区域農地の特例……軽減措置)
　　評価額 $\times \dfrac{2}{3}$
(税率と税額計算)
　都市計画税額＝課税標準額×0.3%（税率）

（２）相続税、贈与税に与える影響

① 相続税、贈与税の基本的な考え方

相続税は、人が亡くなった場合に亡くなった人（被相続人）の財産を引き継いだ相続人が、相続した財産について申告して納税をする国税です。贈与税は、人が生前に自分以外の人に財産を無償や低額で譲渡した場合に財産を譲渡した人（贈与者）から財産を譲り受けた人（受遺者）が、贈与を受けた財産について申告をして納税をする国税です。相続税と贈与税は、いずれも引き継ぎを受けた財産に税金を負担する能力（担税力）があるということから課税がなされる制度です。簡単に言えば、相続税は、人の死によって財産をもらったんだから、その一部を税金として差し出しなさいという制度ということになります。贈与税は、財産をあげるという人がいて、自分もそれをもらって返すこともないのであれば、その一部を税金として差し出しなさいという制度ということになります。

```
（相続税）  人の死     ⟶   相続人に財産
（贈与税）  生前贈与   ⟶   受遺者に財産
                              ↑
                          適正な評価の上で課税
```

② 相続税課税の範囲（相続以外でも課税）

相続税は、人の死を原因として発生する税金です。つまり民法で表現する「相続」以外であっても相続税の課税対象となります。相続税法では民法の相続人のことを「法定相続人」と表現しています。また、相続税法の世界では、亡くなって財産を残した人のことを「被相続人」、被相続人から財産を引き継ぐ人のことを「相続人」と表現します。この他にも相続税

法は独特な考え方があります。ですから、民法を学んだ方にとっては税法の相続税法に対してはとても違和感を抱くことになるかもしれません。

　人が亡くなって財産を引き継ぐ行為の典型的なケースは「相続」です。「相続」は、相続人の財産を民法で規定してある法定相続人が包括的に財産を引き継ぐ行為です。包括的な財産の引き継ぎは、現預金や株式、不動産等のプラスの財産に限らず、借金のようなマイナスの財産である負債も引き継ぐことになります。相続の例外としては、マイナスの財産である負債の額が多額である場合にプラスの財産の金額を限度としてマイナスの財産を引き継ぐという「限定承認」という制度もあります。

　相続税が課税されるのは、人の死を原因として発生する税金なので、この相続の他に「遺贈」や「死因贈与」のケースがあります。

　「遺贈」は亡くなった人が、遺言により、自分が死んだ時に財産を譲り渡すことを言います。「遺贈」は、法定相続人であろうとそれ以外の人であろうと特別な場合以外の制限はありません。「遺贈」はまだ生きているうちに遺言書を作成しており、その遺言書に従って財産が譲り渡されることになります。この「遺贈」は、亡くなった人から遺言による受遺者（財産を受け取る人）への一方的な贈与ですから、受遺者が遺言書の内容を知るまで、自分が財産の受取人になることを知らないということもあります。

　「死因贈与」は、亡くなった人（贈与者）が生前において、自分が亡くなったら財産を贈与するということを財産を受け取る予定の人（受贈者）と契約で決めておき、贈与者が亡くなった時点でその契約の内容のとおりに財産を贈与する行為です。「死因贈与」は「遺贈」と異なり、受贈者が贈与者から財産を受け取ることを事前に了解しているということになります。

　相続税は、人の死によって財産が移転することによる財産課税ですので、民法でいうところの相続だけではなく、「遺贈」や「死因贈与」であ

ったとしても相続税の課税対象ということになっています。

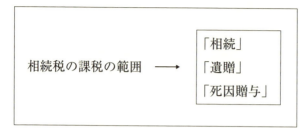

③ 贈与税課税の範囲

　贈与税の課税範囲となる「贈与」とは財産を所有している人（贈与者）が生前に受贈者に財産を無償で譲渡する行為です。いわゆる「生前贈与」と呼ばれるものです。この他にも時価よりも低い価格で財産の譲渡が行われた場合にもその時価と取引価格の差額について贈与があったものとされる場合があります。「生前贈与」は、財産を譲渡する側（贈与者）と財産を受け取る側（受贈者）の双方の合意の下に行われますから、一方的な意思のみで「贈与」が行われることはありません。贈与税の課税範囲は生前贈与ですから、「遺贈」や「死因贈与」は贈与税の課税範囲とはならないことになります。

```
贈与税の課税の範囲 ──→ 「生前贈与」
※「遺贈」と「死因贈与」は相続税の課税の範囲。
```

④ 相続税と贈与税の税額計算の概要

イ　相続税額の計算

　相続税額は、課税遺産総額に相続税の税率を掛けることによって算出されます。課税遺産総額は、遺産額から基礎控除額を差し引いて算出し

第6　固定資産税上の誤りが及ぼす影響　129

ます。ですから、基礎控除額を遺産額が超えなければ相続税の課税は生じないということになります。そして遺産額は、相続や遺贈（死因贈与を含む）によって取得した財産の価額（遺産総額）から債務、葬式費用、非課税財産の金額を差し引いて算出します。ですから、借金が多くて遺産総額よりも債務が多いような場合には相続税の課税は生じません。

　相続税の財産評価においては固定資産税評価額を基礎とするものが多いので、固定資産税の課税の誤りの原因が相続税にも影響することになります。

【相続税額の計算】

　相続税額＝ 課税遺産総額 ×税率の適用
　　　　　　　↓
　　　　　遺産額－基礎控除額（※）
　　　　　　　↓
　　　　　遺産総額－債務、葬式費用、非課税財産
　　　　　　　↓
　　　　　土地・家屋が含まれている可能性

（相続税の基礎控除額）
　改正後　3,000万円＋600万円×法定相続人の数
　改正前　5,000万円＋1,000万円×法定相続人の数

※　平成27年1月1日より相続税の基礎控除額が改正されました。この改正により相続税の申告納付をしなければならない範囲が広くなったといえます。そのため相続時の遺産に含まれている土地や家屋の適正な評価をしなければならない範囲も広がったといえます。

ロ 贈与税額の計算

　贈与税には大きく分けて、(イ)暦年制度と(ロ)相続時精算課税制度の2つの種類があり、暦年制度が原則で、相続時精算課税制度は選択の届出による特例ということになります。贈与税の財産評価においては固定資産税評価額を基礎とするものが多いので、固定資産税の課税の誤りの原因が贈与税にも影響することになります。

(イ) 暦年制度

　暦年制度では、その年の1月1日から12月31日までの1年間（暦年）に贈与を受けた財産の価額を合計額が、110万円（基礎控除額）超えた場合に申告納税義務が生じます。

```
【贈与税額の計算】
    贈与税額＝ 基礎控除後の課税価格 ×税率の適用
               ↓
            贈与を受けた財産の合計額－110万円（基礎控除額）
               ↓
            土地・家屋が含まれている可能性
```

(ロ) 相続時精算課税制度

　相続時精算課税制度は、簡単に言えば60歳以上である父母又は祖父母（贈与者）から20歳以上である子又は孫（受贈者）に財産を贈与した場合には、2,500万円に達するまでは、贈与税を非課税とし、課税を相続時に精算するという制度です。その贈与財産の累積額が2,500万円を超えた場合には、超えた部分に一律の税率（20％）を乗じて計算した税額を相続税額の前払い的性格として贈与税を申告納付すると

いう制度です。

　この相続時精算課税制度の適用を受けるには「相続時精算課税選択届出書」を提出する必要があります。選択した年分以降は相続時精算課税制度の適用となり暦年課税を適用することはできないことになります。

　ただ、この相続時精算課税制度の選択は、受贈者が贈与を受ける父、母、祖父、祖母ごとに選択することができます。

　相続時精算課税制度は、2,500万円の非課税枠があることから、比較的金額の大きい不動産であったり、事業承継を意識した株式の贈与に選択適用することも少なくありません。したがって、贈与財産の土地や家屋の固定資産税評価額が影響を及ぼす可能性がありますし、株式についてもその発行会社が土地や家屋を所有していたら同じように固定資産税評価額が影響を及ぼす可能性があるといえます。

【相続時精算課税制度の要件】
　・受贈者が1月1日に20歳以上の直系卑属（子又は孫）
　・贈与者が1月1日に60歳以上の直系尊属（父母又は祖父母）
　・「相続時精算課税選択届出書」の提出

【贈与税の計算】
　　贈与税額　　＝　贈与を受けた財産の価額×税率（20％）
　　　↓　　　　　　　↓
　　相続税の前払い　　2,500万円を超えた部分

⑤ 土地の評価

相続税や贈与税の財産評価をするにあたって土地は、原則として宅地、田、畑、山林などの地目ごとに評価することになります。そして土地の評価方法には、基本的に路線価方式と倍率方式の２つの方法があります。

イ　路線価方式

　路線価方式は、路線価という土地の価格が定められている地域に限定した評価方法です。路線とは、いわゆる道路のことで、路線価とは、それぞれの路線に面する標準的な宅地の１平方メートル当たりの価額のことです。路線価は７月に千円単位で国税庁により公表されます。

　路線価方式では、評価の対象となる土地が接する路線の路線価に、その土地の形状等に応じた各種補正率で補正した後に、その土地の面積を乗じて計算することによって土地の評価額を算出します。補正率は、奥行距離、不整形の度合い、角地などの価額を補正する率で奥行価格補正率などがあります。

【路線価方式の基本算式】
　路線価×各種補正率×土地の面積（地積）

　なお、ここでの路線価は相続税法上の路線価ですが、路線価には固定資産税上の路線価もあります。相続税法上においては地価公示価格の80％程度をめどに、固定資産税上においては地価公示価格の70％程度をめどに路線価による評価を行っています。

　地価公示は、土地について自由な取引が行われるとした場合におけるその取引において、通常成立すると認められる価格として国土交通省が毎年１月１日における「正常な価格」を判定し、公示するものです。

ロ　倍率方式

　倍率方式は、路線価が定められていない地域の評価方法で、倍率方式はそれぞれの土地の固定資産税評価額に一定の倍率を乗じて計算します。この倍率は地価事情の類似する地域ごとに、その地域にある宅地の売買実例価額、公示価格、不動産鑑定士等による鑑定評価額、精通者意見価格等を基として国税局長が定めることになっています。

　倍率方式では、固定資産税評価額を採用しているので固定資産税評価額に誤りがあれば、その土地の評価額も誤るということになり、結果として相続税や贈与税の税額計算にも影響を与えるということになります。

【倍率方式の算式】

固定資産税評価額×一定の倍率

---

⑥　家屋の評価

　相続税や贈与税の財産評価をするに当たって、家屋は、今現在、固定資産税評価額を1.0倍して評価します。したがって、単純にその評価額は固定資産税評価額と同じということになるので固定資産税評価額に誤りがあれば、その家屋の評価額も誤るということになり、結果として相続税や贈与税の税額計算にも影響を与えるということになります。

【家屋の評価】

固定資産税評価額×1.0

---

⑦　株式の評価

　相続税や贈与税の課税対象に株式があれば、当然に評価の対象となります。株式のうち取引相場のない株式は、原則的評価方式又は特例的な評価方式の配当還元方式という評価方式により評価します。

　取引相場のない株式とは「上場株式」及び「気配相場等のある株式」以外の株式のことです。取引相場のない株式の価額は、評価しようとするその株式の発行会社を一定の基準によって大会社、中会社又は小会社のいずれの規模の区分に該当するかを判定して、その規模の区分に応じて定められている評価方式によって評価することになります。

　そのうち小会社の株式の価額は、1株当たりの純資産価額によって評価することになるのですが、その純資産価額を計算するにあたっては相続税評価額によって計算した金額によることになります。つまり、その株式を発行する会社の貸借対照表に土地や建物勘定があれば、言い換えるならば、その会社が資産として土地や建物を保有している場合には、その土地及び建物の評価額は相続税の土地及び家屋の評価額に洗い直して、その株式の評価をするということになるわけです。土地及び家屋の相続税評価額がその株式の評価額の計算要素となるということになります。

　また、大会社の株式の価額は、土地や家屋の相続税評価額を計算要素としない類似業種比準価額という価額によって評価することになっていますが、納税義務者の選択により、小会社と同様に土地や家屋の相続税評価額を計算要素とする1株当たりの純資産価額によって評価することもできます。

　中会社の株式の価額についても、部分的又は納税義務者の選択によってその全部に土地や家屋の相続税評価額を計算要素とする1株当たりの純資産価額によって評価することになっています。つまり取引相場のない株式については、その株式発行会社が土地や家屋を有していれば、全ての会社の株式について固定資産税評価額が計算の要素になる可能性があるという

ことになります。

```
【純資産価額の把握】
  (資産)              (負債)
  現金                買掛金
  預金                借入金
  株式
  土地　← 相続税評価額
  建物　← 相続税評価額
```

```
【取引相場のない株式の評価】
   小会社……純資産価額
   中会社……部分的に純資産価額又は選択で全部を純資産価額
   大会社……選択で純資産価額
                ↑
           土地・家屋の固定資産税評価額が計算要素
```

⑧ 相続税額・贈与税額との関係

　土地や家屋の固定資産税評価額に誤りがあると、相続税や贈与税の課税財産額の金額に影響を及ぼすことになります。結果、相続税額や贈与税額も誤りが生ずることになり、相続税や贈与税の申告書の内容を確認しただけでは、固定資産税評価額の誤りという原因を知ることはできないという問題が存在しています。

　土地や家屋の固定資産税評価額の誤りは単に、相続税や贈与税の土地及び家屋の評価額のみならず、相続財産、贈与財産に取引相場のない株式がある場合で、原則的評価方式を採用する場合にも影響を及ぼすことになります。そして、取引相場のない株式の評価に影響を及ぼすということは、相続税対策でコツコツと株式の贈与を行う場合は、複数回の税額計算に問題が生じるといえます。

（3）不動産取得税（道府県税）への影響

　不動産取得税は、土地や家屋を売買、交換、贈与、新築、増築、改築などによって取得した場合にその土地や家屋の取得者が課税される都道府県税です。不動産取得税は不動産取得に係る付随費用といえます。不動産取引を考える場合にこの不動産取得税を意識しなければ資金繰りの予定が狂うということになります。忘れかけた頃に不動産取得税の納税がやってくるというイメージがあります。なお納期は各都道府県の条例で決められています。

　不動産取得税の課税標準額は原則として固定資産課税台帳に登録されている価格となっています。つまり不動産取得税は、固定資産税評価額に税率を乗じて計算します。したがって、固定資産税評価額の誤りは、不動産取得税の税額算定にも誤りを生じさせることになります。

―――――――――――――――――――――――――――――
不動産取得税額＝<u>課税標準額</u>×税率3％（4％）
　　　　　　　　　　↑
　　　　　　　固定資産税評価額
―――――――――――――――――――――――――――――

（4）不動産登記の登録免許税（国税）への影響

　登録免許税は、一定の登記、登録、特許、免許、許可、認可、認定、指定及び技能証明について登記等を受ける者に対して課する税金です。不動産の登記の登録免許税は、土地及び建物並びに立木に関する登記について課税されます。不動産登記の登録免許税の課税標準額は原則として固定資産課税台帳登録されている価格となっています。つまり不動産登記の登録免許税は、固定資産税評価額に税率を乗じて計算します。したがって、固定資産税評価額の誤りは、不動産登記の登録免許税の税額算定にも誤りを生じさせることになります。

```
登録免許税額＝課税標準額×税率（15／1,000等）
              ↑
           固定資産税評価額
```

(5) 空家、廃墟に対する課税

　空家や廃墟については、家屋としての物件の実態と固定資産税評価額がかけ離れていることも社会問題になっています。また、空家については法律改正により固定資産税の金額が6倍になるという話題もだいぶ広まっています。

　空家の総数は増加し続けており、将来的にも予想される人口の減少により益々空家の増加が懸念されています。また、空家はその管理が不十分になりがちなことから火災の発生や建物の倒壊、衛生面や景観面での悪化等多岐にわたる問題を発生させるといえます。このような問題のある空家に対しても固定資産税の住宅用地の特例を適用することは望ましくないといえます。そこで「空家等対策の推進に関する特別措置法」が新設されました。

　いわゆる「空家等対策特別措置法」は、市町村長が特定空家等の所有者に対して周辺の生活環境の保全を図るために必要な措置をとることを勧告した場合は、固定資産税の住宅用地特例の対象から除外されることになりました。特例空家等は、周辺の生活環境の保全を図るために放置することが不適切な状態にある空家等に該当するものです。

　この特別措置法により小規模住宅用地として200m^2以下の部分について適用のあった固定資産税の課税標準額の6分の1の減額特例や一般住宅用地として200m^2を超える部分について適用のあった固定資産税の課税標準額の3分の1の減額特例が特定空家等とされたものについては適用されなくなりました。つまり、特定空家等とされると住宅用地の特例の適用時に比べて、土地に対する固定資産税額が6倍や3倍になったイメージになります。正確には、固定資産税の住宅用地の特例による減額が、住宅用地としての実態と異なるという観点で、原則に戻って課税するというだけです。

しかしながら、長年、減額の特例を受けていることで、その恩恵を意識しなくなっていることもあると思います。ですから、家屋の状況を把握して自己の所有の土地が特例の適用がされているか、適用除外となっていないかを意識していなければ、空家の管理が十分であるにも関わらず固定資産税が6倍や3倍になっていたり、実際に居住しており空家でないにも関わらず固定資産税が6倍や3倍になっているかもしれないので注意が必要です。

　また、廃墟については家屋としての実態が無いにも関わらず、建物の滅失登記や区市町村への届出が無いに場合には、家屋として固定資産税の課税が行われ続けることになります。

【空家等対策の推進に関する特別措置法】

　市町村長　──→　　特定空家等の所有者
　　　　（勧　告）

　　　　　　　　　小規模住宅用地（$\frac{1}{6}$の減額）適用せず
　　　　　　　　　…6倍の固定資産税のイメージ

　　　　　　　　　一般住宅用地（$\frac{1}{3}$の減額）適用せず
　　　　　　　　　…3倍の固定資産税のイメージ

（6）地方財政に係る問題

　固定資産税の課税漏れが地方財政を圧迫することになります。これ以外にも固定資産税の課税の誤りは地方財政の予算や未収計上の問題を生じさせます。固定資産税の誤りがあるかどうかについては、区市町村の固定資産税の担当の職員のみならず、区市町村長は当事者として当然ですが、区市町村の議員が固定資産税についても関心を大いに持つ必要があると思います。議員によっては、固定資産税の課税の誤りを問題視して議会の議題とする場合もあるようです。

①　地方財政の財政収入の適正額とは

　自治体である市町村は、地方財政の毎年度の予算を作成した上で行政が行われることになります。予算を作成するにあたっては、その年度の予想の財政収入である歳入額とその年度の予想の財政支出に関わる歳出額を決める必要があります。地方財政の収入源の一角を担う固定資産税の課税による収入が誤っていたとするならば、財政収入の予想も誤り、その誤った予想の下で割り当てられた財政支出も狂ってくるということになります。

```
【地方財政】
    （歳    入）              （歳    出）
    個人市民税                民生費
    法人市民税                公債費
    固定資産税　（誤りがあると）  土木費
    市町村たばこ税            教育費
    国庫支出金                総務費
    地方交付税                衛生費
    市町村債                  商工費
        ⋮                        ⋮
```

② 地方財政上において未収の計上等の問題

　固定資産税の課税の誤りは数年に及ぶ可能性があります。固定資産税の課税漏れが巨額になると地方財政を圧迫することになりますが、逆に過大な課税を行った場合に納税義務者が滞納を続けるケースも珍しくありません。滞納が続くという点でいえば過大な課税であったとしても大きい金額の未収の税金があるということは滞納処分上の問題と言えます。その大きい金額の未収の税金がそもそも過大な課税が原因で納税義務者が本来払うべき税金まで払えない状態に陥っていたとすれば、本来の正しい税額で課税が行われていたら未収は発生しなかったかもしれません。少なくとも未収の税金が発生する可能性が低くなったと考えられます。

(7) 国民健康保険料（税）の資産割

　国民健康保険は、一見すると固定資産税とは全く関係ないような気がしますが、国民健康保険の採用方式は複数あり、その採用している方式によっては、固定資産税が関係しています。

　国民健康保険は、日本の社会保障制度の一つで各区市町村が運営しており、国民健康保険の加入者が病気や怪我、出産、死亡した場合に、必要な医療費の一部が保険金として支払われる保険制度です。

　国民健康保険は、各区市町村が運営していることから、保険料（税）の計算方法も保険料率も住所地の区市町村によって異なります。つまり、住んでいる地域によって国民健康保険の保険料（税）のイメージ的に有利不利があるということになります。

　また、自治体によって保険料形式で住民の負担を求める場合と保険税形式で住民に負担を求める場合とがあります。

　具体的な国民健康保険料（税）の計算要素としては、①所得割、②資産割、③均等割、④平等割の４つがあります。①所得割は所得税や住民税の所得金額を計算の基礎としています。②資産割はその区市町村に所有している固定資産税額を計算の基礎としています。③均等割は住民の１人当たりの定額であり、④平等割は世帯当たりの定額となっています。このうち４通りを使う場合を４方式、③資産割を除く３通りを使う場合を３方式、①所得割と③均等割を採用している場合を２方式といいます。つまり、４つの要素の全部又は一部をそれぞれ算定して足し合わせることで、国民健康保険の一世帯当たりの年間保険料（税）が決定されることになります。

【国民健康保険料（税）の計算要素】
　①　所得割……所得又は住民税の所得又は税額に対して
　②　資産割……所有している土地・家屋の固定資産税額に対して
　③　均等割……１人当たり
　④　平等割……世帯当たり

【４つの要素の組み合わせ】
　４方式……所得割＋資産割＋均等割＋平等割
　３方式……所得割＋均等割＋平等割
　２方式……所得割＋均等割

　国民健康保険料（税）に資産割（４方式）を採用している区市町村の場合、その資産割の課税標準額は、原則として加入者全員の土地及び家屋の固定資産税額となっています。国民健康保険料（税）は、加入者であれば毎年課されるため、固定資産税の評価額に誤りがあれば、固定資産税や都市計画税と同様に毎年の累積となります。
　また、加入者全員の土地及び家屋の固定資産税の合計額に資産料率を乗じて計算されることから、仮に自己の固定資産税に誤りがあれば、加入者全員に影響をもたらすことになります。

【４方式を採用している場合の資産割の計算】
　国民健康保険料（税）額
　　＝加入者全員の土地及び家屋の固定資産税額×資産料率

第7 解　決　策

　これまで見てきた固定資産税の課税の誤りは社会問題として顕在化していると同時に多くの潜在的な問題点を有しているといえます。固定資産税の課税の誤りは、単に固定資産税自体の課税に止まらず様々なことに影響を及ぼします。それらの問題点を改善する必要があります。その問題の解決策を示すと次のようなものがあげられます。

（1）閲覧・縦覧制度の拡充

　閲覧・縦覧制度が土地や家屋の所有者にとって有効的に活用できるようにする必要があります。たとえば、両制度を一本化した上で、価格に対する不服の申立てをいつでも受け入れるようにした上で、是正の時期は各市町村にある程度の裁量に任せるといった機能の拡充を図るのも一つの方法だと思います。

（2）市町村役場の担当者の専門性を高める

　固定資産税の評価や課税標準の算定、税額計算には複雑性、理解困難性、専門性が必要とされます。市町村の固定資産税に関わるあらゆる部署の担当者の専門的知識の向上を目指し、高い専門性を維持することが固定資産税の誤りを減らす上において必要不可欠だと思います。そのために役所内部で知識、税務その他の調査に関する教育研修を行い、役所の事務手続きに誤りが生じないような管理組織体制を作り、更に固定資産税に対する役所側の相談の窓口機関としての充実を図ることも一つの方法だと思いま

す。

（3）税理士の専門的知識の向上

　税理士は税務の専門家として社会的に期待をされています。税理士会等を通じて固定資産税についての研修等を行い相談業務や代理業務、書類作成業務の充実を図る必要があると思います。

（4）固定資産の所有者の自己の所有財産に対する認識の向上

　特に土地・家屋の所有者が自己所有の財産について、不動産登記、固定資産税その他の固定資産に関する税目について関心を持ち、自己の財産について管理の面での認識の向上を納税者自身も心掛ける必要があると思います。

（5）制度の説明、周知徹底の充実

　市町村として、固定資産税に関する課税時期、納期その他の閲覧・縦覧制度を土地や家屋の所有者に周知徹底でき、また、制度を利用しやすく思えるような広報を各市町村が心掛ける必要があると思います。細かい点から言えば、納税通知書に記載されている文字の大きさやメリハリを考えて納税義務者が理解しやすい制度の説明、周知徹底の充実を図る必要があると思います。

（6）制度としての見直し、簡素化

　固定資産税の課税方式の賦課課税を見直し、少なくとも固定資産の評価額を認識できるようなシステムに改正するとよいと思います。

　また、閲覧・縦覧についても、知りたい情報をWeb上で公開し、いつでもどこでもインターネット環境の下で確認できるようにするとよいと思います。

　また、所得税、法人税との整合性を図り、土地と土地、建物と家屋、法定耐用年数の相違そして償却資産税との関係を明確にし、制度的に乖離している部分について統一や調整を図る必要があるでしょう。

　今回は固定資産税の課税の誤りをテーマにしましたが、同じようにその他の賦課課税方式の税目に注意が必要だと思います。特にそれぞれの徴収手続きが異なる健康保険制度については税であるかどうかを問わずして意識、認識を高める必要があると思っています。

　今回の執筆にあたり、今まで以上に地方税について関心を持つべきだということを感じました。それは、税の専門家である税理士のみならず、税に関わる総ての人々の課題だと思います。

　この他にも固定資産税の課税の誤りの問題や解決策は多々存在すると思われますが、社会的な問題の一つを知る切っ掛けとして捉えています。なお、本稿では、土地及び家屋に係る固定資産税について主に触れており、東京都の23区においては東京都が、大規模償却資産については都道府県が課税団体でありますが、市町村による課税について主に触れています。

第8 添付資料について

(1) 国（総務省）等としての取組み

　固定資産税の課税の誤りについては、国（総務省）や各地方自治体（都道府県及び市町村）においても重要な問題としての認識する必要がありますし、また実際に問題をしばしば取りあげています。ただ、今回の執筆に当たって取材や資料を調べていく上で地域や担当者によって温度差があることを感じました。

　ここに資料として、国の固定資産税の管轄である総務省から出された「固定資産税の課税事務に対する納税者の信頼確保について」を掲載します。これは国（総務省自治税務局固定資産税課長）から各地方自治体（各道府県総務部長及び東京都総務・主税局長）に対して固定資産税の課税誤りについて注意を喚起する内容の通知です。固定資産税に係る市町村の事務上の誤りが固定資産税制度に対する不信を招きかねないこと、信頼の確保に努めているが、重大な課税の誤りが絶えないことを踏まえた上での注意の喚起となっています。

　この通知には、参考資料が添付されていますが、この添付資料については次のWebサイトで確認することができます。

　http://www.daishou.co.jp/products/images/shougou.pdf

　国（総務省）としては、国民に対して直接的又は各地方自治体を通じて間接的に、固定資産税に関する情報を提供しています。その内容は、固定資産税制度の内容や実態についての情報、上記のような課税の誤りに対する問題指摘と改善のための取組み等、様々なものです。

(2) 一般財団法人　資産評価システム研究センターの取組み

　固定資産税の情報について重要かつ有効な機関として、一般財団法人資産評価システム研究センターがあります。ここに固定資産税の誤りに関する内容の参考として次のものを一部抜粋して掲載します。

　　「地方税における資産課税のあり方に関する調査研究」
　　―課税に対する信頼の確保等について―

　この資料には、固定資産税等に係る税額修正の状況を受けて、信頼確保のための取組の現状、市町村の取組事例、課題の整理、今後の取組みに係る検討についてまとめられた調査研究です。
　なお、同資料には、文字の大きさの都合上はっきりしないものと、更なる【資料】にある具体例等は省略してありますので、詳しくは同法人のWebサイト（http://www.recpas.or.jp/）で確認してください。

　　資料閲覧室　→　調査研究報告書＜年度別＞　→　平成24年3 PDF

　一般財団法人　資産評価システム研究センターは、資産の状況及びその評価の方法に関する調査研究を行い、もって国、地方公共団体等の諸施策の推進に資することを目的として、昭和53年5月1日に設立された団体です。こちらの団体は、その目的を達成するため、全ての地方公共団体を会員とし、その共有の調査研究並びに研修機関として、業務の推進に努めています。
　一般財団法人　資産評価システム研究センターでは次の事業を行っています。

① 調査研究事業

　その時々の固定資産税制度、資産評価制度を巡る諸問題をテーマとし、研究委員会を設置する等により、専門的な調査研究を行っています。固定資産税を巡る諸問題をテーマとした例えば次のような調査研究を行っています。

　　1　土地に関する調査研究
　　2　家屋に関する調査研究
　　3　償却資産課税のあり方に関する調査研究
　　4　固定資産税制度に関する調査研究

② 研修事業（研修目的）

　地方公共団体の固定資産評価事務担当者等に対し、固定資産評価事務等について研修を行うことにより、固定資産評価技術の習得及び向上に資することを目的としています。

③ 情報収集提供事業

　資産評価情報の発行、評価関係啓発資料等の作成提供及び図書の案内を行っています。

④ 評価の均衡化・適正化推進事業

　固定資産評価の均衡化・適正化等を推進するため、地方公共団体に対する情報の提供、研究等を行っています。具体的には路線価等公開情報の集約や「全国地価マップ」による情報公開が行われています。

総税固第 51 号
平成 26 年 9 月 16 日

各 道 府 県 総 務 部 長
　（市町村税担当課扱い）　　　　　　殿
東 京 都 総 務 ・ 主 税 局 長
　（市町村税・固定資産税担当課扱い）

総務省自治税務局固定資産税課長
（公印省略）

固定資産税の課税事務に対する納税者の信頼確保について

　固定資産税に係る市町村の事務上の問題に起因する課税の誤りは、納税者の固定資産税制度に対する不信を招きかねないことから、総務省においては、「平成 26 年度地方税制改正・地方税務行政の運営に当たっての留意事項等について」（平成 26 年 1 月 24 日付け自治税務局企画課・都道府県税課・市町村税課・固定資産税課事務連絡）等の技術的助言を行っているほか、課税に対する信頼の確保等についての調査研究結果の提供や研修機会の提供等に努めているところです。
　しかしながら、滞納処分を行った後に税額の修正を行う等、重大な課税の誤りが判明する事例が依然として絶えない状況にあります。
　このような状況を踏まえ、各市町村におかれては、納税者の信頼の確保のため、課税事務の検証、固定資産評価員及び補助員の専門知識及び能力の向上、納税者への情報開示等の推進並びに固定資産評価審査委員会の組織運営の中立性の確保等の対策を積極的に実施されますようお願いいたします。また、人事異動等によって適正な事務の執行に支障が生じることのないよう十分ご留意願います。
　また、貴職におかれては、各市町村の取組みに対するより一層の支援を実施されるとともに、この旨、貴都道府県内市町村に周知徹底されるようお願いいたします。
　なお、本通知は、地方自治法（昭和 22 年法律第 67 号）第 245 条の 4 （技術的な助言）に基づくものであることを申し添えます。

（編注省略）

> この事業は、財団法人全国市町村振興協会
> の助成を受けて、実施したものです。

地方税における資産課税のあり方に関する調査研究

― 課税に対する信頼の確保等について ―

平成25年3月

財団法人　資産評価システム研究センター

はしがき

　固定資産税は、市町村財政における基幹税目として重要な役割を果たしてきておりますが、課税情報の公開の促進等を背景に、固定資産税制度や資産評価に対する納税者の関心はますます高まっております。
　当評価センターは、昭和５３年５月設立以来、調査研究事業と研修事業を中心に事業を進め、地方公共団体に固定資産税に関し必要な情報を提供すべく努力を重ねて参りました。
　調査研究事業では、その時々の固定資産税を巡る諸課題をテーマに、学識経験者、地方団体の関係者等をもって構成する研究委員会を設け調査研究を行っておりますが、本年度は３つの調査研究委員会において、固定資産税制度、固定資産評価制度に関して、専門的な調査研究を行ってまいりました。
　このうち、地方税における資産課税のあり方に関する調査研究委員会においては、課税への信頼性向上のための方策等について調査研究を行いました。
　ここに、その調査研究結果がまとまりましたので、市町村の取り組み事例とともに研究報告書として公表する運びとなりました。この機会に熱心にご研究、ご審議いただいた委員の方々に対し、心から感謝申し上げます。
　当評価センターは、今後とも、所期の目的にそって、事業内容の充実を図るとともに、地方団体等に役立つ調査研究に努力をいたす所存でありますので、地方団体をはじめ関係団体の皆様のなお一層のご指導、ご支援をお願い申し上げます。

　平成２５年３月

　　　　　　　　　　　　　　　　　　財団法人資産評価システム研究センター
　　　　　　　　　　　　　　　　　　　理　事　長　　小　林　倫　憲

平成24年度地方税における資産課税のあり方に関する調査研究委員会
委員名簿

委 員 長	金 子　　宏	東京大学名誉教授	
委 　 員	石 島　　弘	岡山商科大学大学院法学研究科教授	
	工 藤　裕 子	中央大学法学部教授	
	佐 藤　英 明	慶應義塾大学大学院法務研究科（法科大学院）教授	
	篠 原　正 博	中央大学経済学部教授	
	渋 谷　雅 弘	東北大学大学院法学研究科教授	
	杉 原　正 純	元自治省税務局長	
	堀 場　勇 夫	青山学院大学経済学部教授	
	本 部　文 雄	新日鐵住金株式会社代表取締役副社長	
	前 田　高 志	関西学院大学経済学部教授	
	横 山　　彰	中央大学総合政策学部教授	
	神 山　弘 行	神戸大学大学院法学研究科准教授	
	関 口　　智	立教大学経済学部経済政策学科准教授	
	阿 南　威 彦	東京都主税局資産税部長	
	谷 口　郁 夫	神戸市行財政局主税部長	

（順不同、敬称略）
平成25年3月現在

地方税における資産課税のあり方に関する調査研究委員会
【審議経過】

○第1回〔平成24年9月24日（月）〕
　（議題）（1）平成24年度調査研究テーマ・スケジュール
　　　　　（2）課税への信頼性向上のためのこれまでの取り組み
　　　　　（3）住宅用地等に係る条例減額制度等の実地調査報告（前田委員）
　　　　　（4）その他

○第2回〔平成24年10月22日（月）〕
　（議題）（1）課税への信頼性向上のための方策
　　　　　　　　① 第1回調査研究委員会の補足説明
　　　　　　　　② 地方団体からのプレゼンテーション（札幌市、川崎市）
　　　　　（2）海外税制調査概要報告（フランス・ドイツ）
　　　　　　・調査結果の概要
　　　　　（3）その他

○第3回〔平成25年2月25日（月）〕
　（議題）（1）課税への信頼性向上のための方策
　　　　　　・論点整理
　　　　　（2）海外税制調査報告
　　　　　　・フランスの職業税改革（篠原委員）
　　　　　（3）その他

○第4回〔平成25年3月22日（金）〕
　（議題）（1）報告書（案）について

第8　添付資料について　157

目　　　次

Ⅰ．課税に対する信頼の確保について ………………………………………………………… 1

1．はじめに ………………………………………………………………………………… 3

2．固定資産税等に係る税額修正の状況 ………………………………………………… 3
　（1）税額修正を行った団体の割合 …………………………………………………… 3
　（2）税額修正が行われた納税者の割合 ……………………………………………… 3
　（3）増額修正と減額修正の割合 ……………………………………………………… 4
　（4）税額修正の要因 …………………………………………………………………… 4

3．信頼確保のための取組の現状 ………………………………………………………… 5
　（1）評価体制の充実に係る取組 ……………………………………………………… 5
　　　① 固定資産評価員 ……………………………………………………………… 5
　　　② 固定資産評価補助員 ………………………………………………………… 6
　（2）情報開示に係る取組 ……………………………………………………………… 7
　　　① 固定資産課税台帳の縦覧 …………………………………………………… 7
　　　② 固定資産課税台帳の閲覧 …………………………………………………… 7
　　　③ 課税明細書の交付 …………………………………………………………… 8
　　　④ 宅地の標準的な価格の閲覧 ………………………………………………… 9
　（3）中立的な不服審査体制に係る取組 ……………………………………………… 9
　　　① 固定資産評価審査委員会への審査申出 …………………………………… 9
　　　② 固定資産評価審査委員会の事務局体制 …………………………………… 10

4．市町村の取組事例 ……………………………………………………………………… 10
　（1）札幌市の事例 ……………………………………………………………………… 11
　　　① 札幌市の概要 ………………………………………………………………… 11
　　　② 固定資産税の課税に係る組織体制 ………………………………………… 11
　　　③ 事務点検の取組 ……………………………………………………………… 11
　　　④ その他 ………………………………………………………………………… 12
　（2）川崎市の事例 ……………………………………………………………………… 12
　　　① 川崎市の概要 ………………………………………………………………… 12
　　　② 固定資産税の課税に係る組織体制 ………………………………………… 12
　　　③ 評価・課税事務の流れ ……………………………………………………… 12
　　　④ 専門研修の充実 ……………………………………………………………… 13

5．課題の整理……………………………………………………………………………13

　6．今後の取組に係る検討………………………………………………………………14
　　（1）課税誤りを防止するための事務の点検………………………………………15
　　　　① 課税誤り事例を踏まえた事務の再点検……………………………………15
　　　　② 課税誤り事例等の情報共有の仕組みづくり………………………………17
　　（2）固定資産評価員・補助員の専門知識・能力の向上…………………………18
　　　　① 固定資産評価員・補助員の知識・能力の向上……………………………18
　　　　② 固定資産評価員の専門性の確保……………………………………………18
　　（3）納税者への情報開示等の推進…………………………………………………19
　　　　① 閲覧・縦覧制度の周知………………………………………………………19
　　　　② 納税者の課税内容の理解に資する取組……………………………………19
　　（4）固定資産評価審査委員会の組織運営の中立性の確保………………………20

　7．まとめ…………………………………………………………………………………20

［資料1］　固定資産税及び都市計画税に係る税額修正の主な原因及び各市町村における
　　　　　防止策 ……………………………………………………………………（省略）
［資料2］　代表的な防止策に係る具体的事例………………………………………（省略）

Ⅱ．住宅用地等に係る条例減額制度等の実地調査報告
　　〔関西学院大学経済学部　前田　高志　教授〕……………………………（省略）

Ⅲ．フランスの2010年職業税改革～改革の背景および企業への影響を中心に～
　　〔中央大学経済学部　篠原　正博　教授〕…………………………………（省略）

資料編………………………………………………………………………………………（省略）

Ⅰ．課税に対する信頼の確保について

1．はじめに

　固定資産税は、いわゆる賦課課税方式によって市町村が税額を決定する仕組みとなっており、その評価及び税額決定に誤りがあった場合、特にそれが賦課を行う市町村の事務上の問題に起因する場合には、固定資産税制度及び税務行政に対する納税者の不信を招く結果となる。本研究会では、最近、固定資産税における課税誤りについて、報道等を通じて納税者の関心が高まっていることを踏まえ、固定資産税の課税に対する納税者の信頼の確保をいかに図っていくかという観点で、今後必要と考えられる取組について検討を行うこととした。

2．固定資産税等に係る税額修正の状況

　固定資産税等の税額について、一旦決定した後に修正が生じると、その正確さに疑問を抱かせることとなる。こうした税額修正の実態を把握するため、総務省は、平成21年度、22年度及び23年度（23年度は平成24年1月1日まで）における土地・家屋に係る固定資産税（都市計画税を含む。）についての税額修正の状況を調査し、その結果を平成24年8月28日付けで公表した。この調査結果を基に、まずは税額が決定後に修正される場合がどの程度あり、また、課税客体の把握、評価、特例措置の適用等の税額決定までの過程の中のどのような要因によって税額修正に至っているのか、以下にまとめた。

（1）税額修正を行った団体の割合

　固定資産税等に関して、調査対象期間において1件以上の税額修正を行った市町村は、調査対象団体のうち97.0％（3年間の平均）となっており、多くの市町村において何らかの理由で税額修正がなされている。

（2）税額修正が行われた納税者の割合

　固定資産税等に関して、各市町村が一度賦課決定した税額を増額又は減額修正（更正）した件数（納税者数）について、納税者総数に占める割合（3年間の平均）は、土地、家屋ともに0.2％となっている。

第8 添付資料について 161

【納税者総数に占める税額修正者数の割合】

年度	土地			家屋		
	修正者数／納税者数		修正割合	修正者数／納税者数		修正割合
平成21年度	76,613人／28,991,554人		0.3％	118,570人／32,644,343人		0.4％
平成22年度	49,042人／29,184,470人		0.2％	56,407人／32,904,180人		0.2％
平成23年度	44,749人／29,307,753人		0.2％	44,636人／33,222,534人		0.1％
平均	―		0.2％	―		0.2％

※ 出典：総務省「固定資産税及び都市計画税に係る税額修正の状況調査結果」（平成24年8月28日）
※ 調査回答団体は、1,592市町村。岩手県、宮城県及び福島県内の市町村並びに東京都（特別区の区域）は回答団体に含まれない。
※ 各年度の納税者数は、総務省「固定資産の価格等の概要調書」による、調査回答団体の法定免税点以上の納税者の人数。

（3）増額修正と減額修正の割合

税額修正のうち、税額を増額修正したものと減額修正したものとに分けると、3年間の平均で、土地については増額修正が32.0％、減額修正が68.0％となっており、家屋については増額修正が40.5％、減額修正が59.5％となっている。増額、減額いずれかに極端に偏ることなく税額修正がなされている。

【税額修正に係る増額修正と減額修正の割合】

年度	土地		家屋	
	増額修正	減額修正	増額修正	減額修正
平成21年度	27.5％ (0.1％)	72.5％ (0.2％)	28.7％ (0.1％)	71.3％ (0.3％)
平成22年度	29.2％ (0.0％)	70.8％ (0.1％)	44.3％ (0.1％)	55.7％ (0.1％)
平成23年度	39.4％ (0.1％)	60.6％ (0.1％)	48.4％ (0.1％)	51.6％ (0.1％)
平均	32.0％ (0.1％)	68.0％ (0.1％)	40.5％ (0.1％)	59.5％ (0.1％)

※ 出典：総務省「固定資産税及び都市計画税に係る税額修正の状況調査結果」（平成24年8月28日）
※ （ ）内は納税者数全体に占める割合である。増額修正と減額修正の計は、端数処理のため①の修正割合の数値と一致しない場合がある。

（4）税額修正の要因

税額修正を生じることとなった要因については、土地では、「評価額の修正」が29.9％、「負担調整措置・特例措置の適用の修正」が22.9％、「現

況地目の修正」が 15.8％などとなっている。また、家屋では、「評価額の修正」が 29.7％、「家屋滅失の未反映」が 23.6％、「新増築家屋の未反映」が 20.6％などとなっている。

　税額修正の要因については、特定の要因に著しく集中するものではなく、多岐にわたっている。

【税額修正の要因別割合】

	土地	家屋
①課税・非課税認定の修正	7.5％	1.4％
②新増築家屋の未反映	—	20.6％
③家屋滅失の未反映	—	23.6％
④現況地目の修正	15.8％	—
⑤課税地積・床面積の修正	3.1％	2.9％
⑥評価額の修正	29.9％	29.7％
⑦負担調整措置・特例措置の適用の修正	22.9％	1.9％
⑧納税義務者の修正	15.2％	13.4％
⑨その他	5.6％	6.4％

※　出典：総務省「固定資産税及び都市計画税に係る税額修正の状況調査結果」（平成 24 年 8 月 28 日）

3．信頼確保のための取組の現状
　現行の固定資産税制度においては、各市町村が適正な評価及び課税を行い、それに対する納税者の信頼を確保するための仕組みが様々講じられている。しかしながら、前述のように様々な要因により税額修正を生じている状況を踏まえ、これらの仕組みが十分に効果を発揮するよう適切な運用がなされているのか把握するために、それぞれの現状について、総務省の既存の調査結果から関係する数値等を示すと以下の通りとなる。

（1）評価体制の充実に係る取組
　①　固定資産評価員
　　　固定資産評価員は、市町村長の指揮を受けて固定資産を適正に評価し、かつ、市町村長が行う価格の決定を補助するため、固定資産の評価に関する知識及び経験を有する者から選任されるものである（地方税法第 404 条）。平成 24 年 9 月 1 日現在で固定資産評価員を設置しているのは、1,719 団体中 1,033 団体（東京都特別区の区域については東

京都を1団体として集計。以下の統計においても同様。）で、全体の60.1%となっており、固定資産評価員を設置していない団体は686団体で、全体の39.9%となっている。

【固定資産評価員の設置状況】

調査時点	平成16年1月1日現在		平成21年9月1日現在		平成24年9月1日現在	
設置している	1,685 団体	53.1%	1,023 団体	57.6%	1,033 団体	60.1%
設置していない	1,488 団体	46.9%	752 団体	42.4%	686 団体	39.9%
団体数	3,173 団体		1,775 団体		1,719 団体	

※ 出典：総務省調
※ 平成24年度の数値は速報値のため、今後精査により変動することがある。

固定資産評価員の経歴としては、当該市町村の税務担当課長が兼務している場合が全体の38.9%、副市町村長が兼務している場合が30.7%、税務担当部局長が兼務している場合が13.0%であり、その他、元市町村・都道府県職員、税理士、不動産鑑定士、金融機関職員等となっている。市町村内部の職員を選任している場合が多い。

【固定資産評価員の経歴】　　　　　　　　　　（平成24年9月1日現在）

経歴	人数	経歴	人数
税務担当課長	407	元都道府県職員	4
副市町村長	321	不動産鑑定士	4
税務担当局(部)長	136	金融機関の職員	4
元市町村職員	82	元地方議会議員	3
上記以外の当該市町村職員	18	司法書士	2
税理士	9	その他	51
会計管理者等	5	合計	1,046

※ 出典：総務省調
※ 速報値のため、今後精査により変動することがある

② 固定資産評価補助員

市町村長は、固定資産評価員の職務を補助させるため、固定資産の評価に関する知識及び経験を有する者を固定資産評価補助員として選任することができる（地方税法第405条）。固定資産評価補助員は、一般職の地方公務員であり、平成24年9月1日現在で1,719団体中1,685

団体において 18,280 名が選任されている。平成 16 年から平成 24 年の間に、固定資産評価補助員の数は、全国で約 13％減少している。

【固定資産評価補助員の選任状況】

調査時点	平成16年1月1日現在	平成21年9月1日現在	平成24年9月1日現在
評価補助員の人数 （団体数）	21,059 人 （2,138 団体）	19,067 人 （1,371 団体）	18,280 人 （1,347 団体）

※ 出典：総務省調
※ 平成 24 年度の数値は速報値のため、今後精査により変動することがある。

(2) 情報開示に係る取組
① 固定資産課税台帳の縦覧

固定資産課税台帳の縦覧については、平成 15 年度に制度が改正され、市町村長は、市町村内の土地・家屋の価格等を記載した縦覧帳簿を新たに整備し、それを縦覧に供することとなり、納税者は自己の資産のみならず同一市町村内の他の土地・家屋の価格等を確認できるようになった（地方税法第 416 条）。これは、納税者が、他の土地や家屋と比較して価格が適正であるかどうかを確認できるようにするためである。

毎年度 4 月 1 日から、4 月 20 日又は当該年度の最初の納期限の日のいずれか遅い日以後の日までの間、縦覧帳簿を納税者の縦覧に供している。平成 24 年度の縦覧人数は、18,235 名となっており、現行制度導入時に比べると減少している。

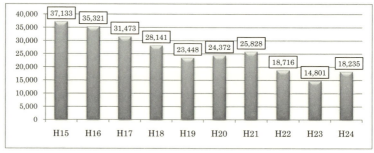

【縦覧人数の状況】（延べ数）

※ 出典：総務省調
※ 平成 24 年度の数値は速報値のため、今後精査により変動することがある。
※ 平成 23 年度は、岩手県、宮城県、福島県内の市町村については、調査対象から除外したため、数字に含まれない。

② 固定資産課税台帳の閲覧

市町村長は、納税者、借地借家人等の求めに応じ、固定資産課税台

帳のうち、これらの者に関する固定資産について記載されている部分を閲覧に供しなければならないこととされている（地方税法第382条の２）。平成23年度の閲覧人数は、624,718名となっており、やや減少する傾向にある。

【閲覧人数の状況】（延べ数）

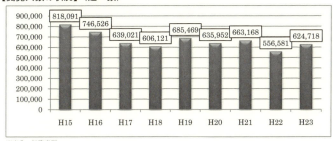

※出典：総務省調
※平成23年度は、岩手県、宮城県、福島県内の市町村については、調査対象から除外したため、数字に含まれない。

③ 課税明細書の交付

　納税者が固定資産税の課税内容を把握することができるよう、課税明細書を交付することが法定されている（地方税法第364条）。課税明細書は、納税者が課税内容を把握する上で重要な役割を果たすと考えられる。法律上、土地については、その所在、地番、地目、地積、価格、当該年度分の課税標準の特例措置適用後の課税標準額（負担調整措置の適用がある場合には、前年度分の課税標準額及び当該年度分の負担調整措置適用後の課税標準額）、税額の減額特例措置の適用による軽減税額、条例減額制度による減額税額を記載し、家屋については、その所在、家屋番号、種類、構造、床面積、価格、当該年度分の課税標準の特例適用後の課税標準額、税額の減額特例措置の適用による軽減税額を記載することとなっている。また、各市町村においては、課税明細書に法定記載事項以外の事項について記載するとともに、土地の負担調整措置等について説明をした課税明細書の見方に係る説明書を添付することにより、納税者に提供する情報の充実が図られている。

【課税明細書への法定記載事項以外の記載状況】
1 土地
(平成24年9月1日現在)

実施団体	記載事項(複数回答)										実施していない団体
	特例の内容(課標特例、税額減額等)	特例率(小規模住宅用地1/6等)	減免税額	各筆ごとの相当税額	下落修正率(法附則17条の2関係)	負担調整率	負担水準	住宅用地の当否	非課税対象の当否	その他	
1,547	479	136	367	1,184	25	79	366	847	541	167	173

2 家屋

実施団体	記載事項(複数回答)										実施していない団体
	特例の内容(課標特例、税額減額等)	特例率	減免税額	各棟ごとの相当税額	建築年	新築軽減(額・有無・終了年等)	階層	屋根の種類	その他		
1,627	472	36	415	1,139	1,332	1,107	639	420	162		93

※ 出典:総務省調
※ 速報値のため、今後精査により変動することがある。

④ 宅地の標準的な価格の閲覧

　市町村長は、地域ごとの宅地の標準的な価格を記載した図面を一般の閲覧に供しなければならないこととされている(地方税法第410条)。具体的には、市街地宅地評価法の適用される地域においては、標準宅地の位置及び街路ごとの路線価が、その他宅地評価法の適用される地域においては、標準宅地の1㎡当たりの価格が図面で示されることとなる。なお、(財)資産評価システム研究センターでは、固定資産税評価の路線価等を地図上に示した「全国地価マップ」をホームページ上で公開している(http://www.chikamap.jp)。現在、1,577団体の固定資産税路線価データが登載されている。

(3) 中立的な不服審査体制に係る取組
① 固定資産評価審査委員会への審査申出

　固定資産評価審査委員会は、納税者の評価に対する信頼を確保する趣旨から、価格に対する納税者の不服について、市町村長において処理することとせずに独立した専門的・中立的な機関によって審査決定することとして設置されているものである。固定資産評価審査委員会に対する審査申出件数は、前回評価替えの年である平成21年度においては4,357件となっている。評価の水準を見直した平成6年に比べると減少傾向にある。

第8 添付資料について　167

【固定資産評価審査委員会に対する審査申出件数の推移】

	平成6年度	平成9年度	平成12年度	平成15年度	平成18年度	平成21年度	平成22年度	平成23年度	平成24年度（参考）
土　地	20,857	10,741	4,626	3,397	2,336	3,256	744	679	3,640
家　屋	1,673	3,412	1,787	1,415	889	1,303	270	262	1,234
償却資産	3	1	16	5	8	2	4	13	1
合　計	22,229	13,255	5,845	4,549	2,761	4,357	986	929	4,563

※ 出典：総務省調
※ 「平成24年度（参考）」欄の数値は、平成24年4月1日から9月1日までに審査申出された件数であり、変動することがある。
※ 1件の審査申出が、土地・家屋・償却資産の複数にわたる場合、それぞれに1件として計上しているため、合計とは一致しない。

　　なお、平成21年度における審査申出の認容率は、11.7％（平成23年度内閣府行政救済制度検討チーム「不服申立前置の全面的見直しに関する調査」による。）となっている。

② 固定資産評価審査委員会の事務局体制
　　固定資産評価審査委員会の運営を支える事務局については、その市町村の評価・賦課担当者が担当している団体が約5分の1存在している。

【固定資産評価審査会の事務局体制】　　　　　　　（平成24年9月1日現在）

事務局体制	団体数	割合
○ 事務局を、評価・賦課担当者が担当している。	316	18.3
○ 事務局を、評価・賦課担当者以外の者で担当している。	91	5.3
○ 事務局を、評価・賦課担当係（班）以外の係（班）で担当している。	189	11.0
○ 事務局を、評価・賦課担当課以外の課で担当している。	985	57.2
○ 行政委員会として独立した事務局組織を設けている。	139	8.1
○ その他	3	0.2

（上位2項目で）約1/5

※ 出典：総務省調
※ 速報値のため、今後精査により変動することがある。

4．市町村の取組事例
　　上記の各制度の運用状況の把握に加え、各市町村において、課税誤りを防止するために行われている取組について、特に誤りを生じないようにす

るための事務の点検や固定資産評価補助員の専門知識・能力の向上に係る取組を中心に、北海道札幌市及び神奈川県川崎市の状況を伺った。

(1) 札幌市の事例
  ① 札幌市の概要

面積	1,121 km²
人口 (平成24年4月1日現在)	192万人
納税義務者数 (平成24年度概要調書)	土地：36万人、家屋：50万人、償却資産：1.8万人
税収 (平成23年度決算)	2,771億円（うち固定資産税　1,113億円）

  ② 固定資産税の課税に係る組織体制
    ・本庁及び5市税事務所
    ・職員数　186名（土地66名、家屋100名、償却20名）

  ③ 事務点検の取組
    ○ 札幌市では、「固定資産税事務点検・確認マニュアル」(P.116)を作成し、職員個人に加えて組織的に点検・確認を行うこととしている。さらに、こうした事務点検が各市税事務所において適切に実施されているかを、本庁の担当課職員も加わった点検チームで、客観的に実地点検することとしている。実地点検の際には、点検年度ごとに着眼点を設定し、マニュアルの実施状況とともに、当該着眼点についての点検・確認を行う。その結果は、年度内に税政部長に報告された上で、担当者会議等での事例研究や、マニュアル等の改正への反映などに活用され、それ以降の事務処理の改善に反映されることとなる。

    ○ こうした取組は、固定資産税事務の適正・的確な処理を行うことにより、固定資産税に対する納税者の理解の増進と信頼の確保を図ることを目的に行われており、基本的な考え方としては、個人の限界を組織的にカバーすること、管理・監督者が積極的に関与すること、誤りを知識化して組織的に活用すること、リスクとコストのバランスがとれた運用をすることが示されている。

○ 実地点検に際して設定される着眼点の例としては、償却資産の担当を市で1つにまとめたことに伴う家屋担当と償却資産担当の連携体制を確認すること、新築家屋を各事務所で数十件抽出して評価内容を再点検すること、納税通知書発送時の納付書等の封入誤りの防止措置を確認することなどがある。

> 【参考】札幌市における事務点検の仕組み
> ① 「事務点検・確認マニュアル」に基づき各事務所で点検・確認を実施
> ② 適正に点検が行われているか点検チームによる事務所を対象にした実地点検の実施
> ③ 事務点検結果を、事例研究、マニュアル及びチェックリストの見直し等に反映

④ その他
○ 情報システムの再構築に合わせて、法務局からの登記情報を電子的に取り込めないか検討している。また、平成17年度以降に地理情報システム（GIS）や家屋評価システムを導入したことが、処理誤りの削減につながっていると考えられる。

(2) 川崎市の事例
① 川崎市の概要

面積	144 ㎢
人口 （平成24年4月1日時点）	143万人
納税義務者数 （平成24年度概要調書）	土地：19万人、家屋：35万人、償却資産：3.4万人
税収 （平成23年度決算）	2,835億円（うち固定資産税 1,141億円）

② 固定資産税の課税に係る組織体制
・本庁及び3市税事務所（＋1分室）
・職員数 151名（うち係員数は土地52名、家屋・償却（兼務）78名）

③ 評価・課税事務の流れ
○ 土地の異動に関する代表的な事務作業としては、地目変更が年間

で約3,100筆あるため、職員一人あたり約60筆の異動処理を行うことになる。用途変更は年間約5,000筆あり、職員一人あたり約100筆の処理を行うことになる。また、家屋の新増分は年間で約5,000棟建っており（滅失家屋は約3,500棟）、職員一人あたり約64棟を評価し、さらに約45棟の滅失処理を行うことになる。

○ 土地・家屋の異動調査については、秋から翌年1月にかけて実施するが、特に賦課期日前後の状況を把握するため、12月には年末調査を実施している。また、課税客体の把握を徹底するため、登記情報に加えて、建築確認等の情報や航空写真異動判読図の情報等を活用している。航空写真については正月に撮影したものを活用する。また、土地全筆の実地調査である土地地押調査を5年間で実施している。

④ 専門研修の充実
○ 税務事務は専門性が高いため、専門研修の充実が必要と考えている。税務初任者研修、土地・家屋別の初任者研修、そのフォロー研修、2年目職員を対象とする中堅研修を実施している。また、市税事務所ごとに家屋評価に不均衡が生じないよう、均衡調査研修を実施している。

> 【参考】川崎市における研修の実施状況
> 税務事務は専門性が非常に高いため、専門研修の充実が図られている。
> （全体）
> ・税務初任者研修
> （土地担当）　　　　　　　　　（家屋担当）
> ・土地初任者研修　　　　　　　・木造家屋初任者研修
> ・初任者フォロー研修　　　　　・均衡調査研修（個人差の是正）
> ・土地中堅研修　　　　　　　　・家屋中堅研修
> 　　　　　　　　　　　　　　　・非木造家屋初任者研修

5．課題の整理
固定資産税の課税に対して納税者の信頼を確保するのに資する現行の様々な仕組みの運用状況や、市町村の取組事例を踏まえ、今後、各市町村において取り組むべき課題について整理すると、以下のようになる。

税額修正については、ほとんどの市町村で行われている状況にあるが、その中には、市町村の事務上の問題に対して、予め対応策を講じておくことで防止できるものも多く見られる。まずは、こうした税額修正について、なくしていく努力が必要である。

　各市町村において一度に多くの固定資産の評価及び賦課を限られた人員で効率的に行わなければならない中で、いわゆる課税誤りを生じないようにするためには、各市町村において組織的に具体の事務の再点検を行い、あらかじめ取り得る防止策を講じていく必要がある。

　そうした事務の責任を担う固定資産評価員及び補助員の専門知識・能力の向上も重要である。

　また、課税誤りを早期に発見し是正する上でも、税務事務に対する納税者からの信頼を得る上でも、納税者に対して評価及び課税の内容を適切に情報開示することが必要である。

　さらに、納税者が固定資産の価格に不服を申し立てた場合の中立性を確保するための固定資産評価審査委員会の組織運営のあり方も、納税者からの税務行政に対する信頼を確保する上で重要である。

　こうしたことを踏まえ、本研究会においては、以下の課題を中心に議論した。

○　課税誤りを防止するための事務の点検に係る論点
　　1．課税誤り事例を踏まえた事務の再点検
　　2．課税誤り事例等の情報共有の仕組みづくり
○　固定資産評価員・補助員の専門知識・能力の向上に係る論点
　　1．固定資産評価員・補助員の知識・能力の向上
　　2．固定資産評価員の専門性の確保
○　納税者への情報開示等に係る論点
　　1．閲覧・縦覧制度の周知
　　2．納税者の課税内容の理解に資する取組
○　固定資産評価審査委員会に係る論点
　　1．固定資産評価審査委員会の組織運営の中立性の確保

6．今後の取組に係る検討

　上記の課題毎に、今後どのような取組が有効であるかについて検討を行った。その内容についてまとめると、以下の通りである。

（1）課税誤りを防止するための事務の点検
　①　課税誤り事例を踏まえた事務の再点検
　　　　各市町村において、課税誤りを生じないよう予め事務プロセスについて工夫を講じておくためには、過去の事務の誤り事例を参考として、それに対する適切な防止策が講じられているか事務の再点検を行うことが有効である。この場合、当該市町村の過去事例のみならず、他の市町村における事例を参考とすることで、幅広い観点で今後の発生防止の取組を講じうるものと考えられる。

　　　　各市町村での事務の再点検に資するよう、どのような原因によって税額修正が生じるのか、前述の税額修正の要因の区分毎に主な原因事例を整理すると、資料1（P.22）のようになる。また、これらの原因事例については、各市町村において防止策を講じることで防ぐことができるものも見られるところであり、そうした原因事例に対して各市町村で講じることが可能な防止策について併せて資料1に示している。

　　　　各市町村において資料1に示した原因事例と同様のことが生じないか、事務の再点検を行い、防止策を予め十分講じていくことが、税額修正につながる誤りを防止する上で有効であると考えられる。

　　　　各市町村で事務を再点検し、防止策を講じる上で、実際に防止策がイメージしやすいように、以下に代表的と考えられる防止策とそうした防止策が有効と考えられる具体の原因事例を整理した。より詳しくは事例集として資料2（P.28）で説明してあるので、各市町村において事務の再点検に際して参考とされることを期待する。

　　【代表的な防止策】
　　　ア）関係部局等との連携の徹底、イ）非課税措置の適切な周知
　　　　　非課税措置の適用、課税客体の異動の反映等のために必要な情報について、税務担当課では直接得られないものを、予め関係部局等から情報提供を得られる仕組みをつくる。当該市町村の他の部局だけでなく、都道府県等の機関との連携も積極的に行う。
　　　　　また、非課税措置について、対象となる法人等に関係機関を通じて周知を行う。非課税措置を受けようとする者の申告制度についても周知を徹底する。

第8　添付資料について　173

- 具体的事例：保安林指定の把握漏れ【資料2　p28～30】
  →防止策の具体例：A市における保安林指定の情報連絡体制の例
- 具体的事例：医療法人が行う社会福祉事業等の非課税認定【資料2　p28～31】
  →防止策の例：B市における非課税措置の周知方法の例

> 【参考：地方税法第20条の11】
> 　徴税吏員は、この法律に特別の定めがあるものを除くほか、地方税に関する調査について必要があるときは、官公署又は政府関係機関に、当該調査に関し参考となるべき簿書及び資料の閲覧又は提供その他の協力を求めることができる。

ウ）土地担当と家屋担当等との連携の徹底
　　家屋評価の際に得られた情報を土地担当に適切かつ確実に提供し、特例措置の適用の判断等に活用する。

- 具体的事例：住宅用地特例の適用誤り【資料2　p32～33】
  →防止策の例：C市における相互連絡ツールの例

エ）実地調査の強化
　　航空写真を活用して、家屋の新増築・滅失等の状況を効率的かつ確実に把握し、実地調査の精度を向上する。また、過去の新増築・滅失等の把握漏れを精査するため、複数年度をかけて計画的に家屋全棟調査を実施する。

- 具体的事例：新増築・滅失家屋の把握漏れ【資料2　p34～35】
  →防止策の例：　D市における航空写真活用の例
  　　　　　　　E市における全棟調査の実施の例

オ）電算システムのプログラム修正時の検算徹底
　　電算システムのプログラムを修正した際に、様々なケースを含むことができるよう適切な数のサンプルを抽出して手計算で検算し、電算システムの計算結果と比較し、適切にプログラムが設定されているか確認を行う。

- 具体的事例：負担調整措置に係る検算の不徹底【資料2　p36～37】
  →防止策の例：F市における負担調整措置に係るプログラム検算の例

カ）入力ミス等を想定した電算システム設定
　　電算システムへの入力漏れ等の発生を想定したプログラム設定を

行う。例えば、必須事項の入力漏れ等があった場合にはエラー表示するような電算システムの設定を行う。また、コード番号等の自由入力ではなく、選択肢から選ぶ方式として、システム画面上で入力内容を確認できるように設定する。

・具体的事例：コード入力誤り【資料2　p38～39】
　　　　　　：建築年入力漏れのまま税額算出
　→防止策の例：　G市のエラーメッセージ表示の例
　　　　　　　　H市の選択方式のシステム設定の例

キ）区分所有家屋に係る計算等の確認徹底

　　区分所有家屋については、評価や税額計算等を複数の目で確認したり、特別にチェックリストを作って再確認したりするなど、誤りを防止するよう特に丁寧な確認を行う。

・具体的事例：区分所有家屋の共用部分の面積の計算誤り【資料2　p40～41】
　→防止策の例：　I市における区分所有家屋のチェックの例

　なお、誤りの原因事例を見ると、一つの誤りが多くの納税者の税額に影響が生じる場合として、現在固定資産税の評価及び税額算出に一般的に活用されるようになった電算システムのプログラムミス等に起因する事例や、近年増加しているマンション（大規模な区分所有家屋）の税額算出に係る事例がある。これらの場合の代表的な防止策については、上記オ）からキ）に示しているが、多くの納税者に影響を与えてしまう結果となることを踏まえると、防止策を十分講じることについて特に配慮が必要と考えられる。

② 課税誤り事例等の情報共有の仕組みづくり

　① においては、各市町村の事務の再点検に活用されることを期待して現時点で考えられる税額修正の原因事例及びその代表的な防止策について整理したところである。しかしながら、あくまでこれは現時点のものであり、当然ながら今後新たな原因事例が出てくることもあり、それに対する防止策を講じることが必要になると考えられる。

　このため、将来にわたって各市町村の事務の点検に、他市町村の新たな事例等を活用していくためには、新たに生じた各市町村の税額修正事

例、固定資産評価審査委員会に対する申立事例、関係判決等について、各市町村間で容易に情報を収集し、共有できる仕組みの構築を検討することも考えられる。

(2) 固定資産評価員・補助員の専門知識・能力の向上
① 固定資産評価員・補助員の知識・能力の向上
　　課税誤りの防止や納税者からの課税への信頼の確保を図る上で、評価及び課税に携わる固定資産評価員や補助員等の専門知識及び能力の向上は、必要不可欠な取組と考えられる。

　　今回取りまとめた税額修正の原因事例を踏まえても、例えば、特例措置等に関する知識の不足や、入力ミス等の単純な誤りを原因とするものが見られる。これらの抜本的な防止には、固定資産評価員・補助員の専門知識及び能力の向上の取組が資するものと考えられる。

　　しかしながら、評価の実務を担う固定資産評価補助員について見ると、近年の市町村の事務の効率化や市町村合併の進展によって市町村全体の職員数が大きく減少する中で、その数が減少しており、また、今後、経験・在職年数が低下することも懸念される。

　　こうした中で固定資産評価員及び固定資産評価補助員の専門的な知識・能力の維持・向上を図る上では、各職員の自己の努力研鑽のみに全てを委ねることなく、専門研修を通じた技能の向上、経験豊かなOB・OGの活用等の取組を行うことも有効であると考えられる。なお、市町村での取組で不十分な場合には、広域的に実施されている研修の活用なども有効であると考えられる。

② 固定資産評価員の専門性の確保
　　固定資産評価員については、既に選任されている者の経歴を見ると、副市町村長や税務を所管する部局長が選任されている例も多く、本委員会の検討に係る議論においては、専門性の観点から適切か考えるべきではないかとの意見が出された。また、こうした専門性の向上の課題とともに、依然として固定資産評価員を設置・選任していない団体が、全体の約4割あることにも注意が必要である。固定資産の評価の責任の要となる固定資産評価員の役割は重要であり、十分にその責務を果たせる者を固定資産評価員として選任することは、信頼確保の上でも有効と考え

(3) 納税者への情報開示等の推進
 ① 閲覧・縦覧制度の周知
　　適正に固定資産の価格及び税額を決定していくためには、市町村が実地調査等を徹底して課税客体を適切に把握するとともに、個々の納税者が自らの税額とその算定過程を確認できるようにすることも有効である。納税者からの確認の機会として、閲覧・縦覧制度について、引き続き納税者に対して十分な周知を行い、価格等に疑問があれば、これら制度を活用するよう促していく必要がある。

　　特に、個人の納税者にとっては税額の算定過程を全て自ら理解することは困難であることから、閲覧制度を活用するよう促し、閲覧に際しては、評価及び課税の内容に十分な理解を得られるよう、各市町村において課税事務に用いた様々な図面や書類も開示しながら丁寧な説明を行っていくことも有効ではないかと考えられる。

　　なお、本委員会の検討に係る議論においては、現在の閲覧・縦覧制度は、納税者等が市町村の庁舎等を訪れて情報を得ることを前提としているが、今後はオンラインで情報を確認できるようにすることも検討すべきではないかとの意見が出されたところである。これについての検討に際しては、本人確認方法の確立を含む個人情報の保護の観点からの課題について解決していく必要があるものと考えられる。

 ② 納税者の課税内容の理解に資する取組
　　課税明細書については、課税内容を理解する上で必要な情報を各納税者個々に伝えることができるものであり、各市町村において、その記載内容を法定事項以外に追加・充実するとともに、その送付時に課税明細書の内容の理解に資する説明書類を添付するなどの取組が行われているが、これらは納税者の信頼を得る上で効果があると考えられる。このため、各市町村においてその状況に応じて提供する情報の充実を引き続き検討することが望まれる。併せて、評価方法、評価基準等についても、個人の納税者が理解しやすい形で周知することも効果的と考えられる。

　　また、本委員会の検討に係る議論において、課税明細書については、今回まとめた税額修正の原因事例を踏まえて記載事項をそれぞれの市

第8 添付資料について 177

町村で再検討してはどうかという意見も出された。税額修正の原因事例を見ると、住宅用地特例等の特例措置の適用や、非課税認定に係る事例も多く見られるところであり、負担調整措置に係る事項のみならず、こうした特例措置や非課税措置の適用の有無についても納税者が確認できるようにする観点から記載事項を充実することも効果があるのではないかと考えられる。

（4）固定資産評価審査委員会の組織運営の中立性の確保
　　固定資産評価審査委員会の中立性に疑義を生じることのないよう、その組織運営を支える事務局は、審査の一方の当事者である評価・賦課の担当者とは別の課等の者に事務を担当させることが望まれるところである。現在、固定資産評価審査委員会の事務局を評価・賦課担当者そのものが担当している団体が、未だ全体の約5分の1あるが（平成24年9月1日現在）、納税者の信頼確保の上でも組織運営の中立性の確保は有効であると考えられる。

7．まとめ
　　課税に対する納税者の信頼を確保することは、今後の固定資産税制度の安定的な運用のためには極めて重要な課題であることから、各市町村においてこの機会に事務や組織体制の見直しを十分行うとともに、今後とも不断の努力を継続することが求められる。この報告書で示した本研究会の議論及び検討の内容が、こうした点について共通認識を持ち、各市町村が納税者の信頼確保のための取組を一層進めていく上での一助となることを期待している。

（編注：以下省略）

<著者略歴>

森田　純弘（もりた　じゅんこう）

経歴・職歴	江尻容明税理士事務所、大原簿記学校東京本校税理士課法人税法科講師、第一綜合事務所；前波潤子税理士事務所、大原簿記学校東京本校公認会計士課租税法科講師、元全国青色申告会総連合副会長。
学　　歴	昭和54年3月　鹿児島市立甲南中学校　卒業 昭和57年3月　鹿児島県立甲南高等学校　卒業 昭和62年3月　中央大学商学部経営学科　卒業
現　　在	森田純弘税理士事務所　所長 行政書士森田純弘事務所　所長 右山研究グループ会員 鹿児島県行政書士会　副会長 鹿児島県税理士政治連盟　副会長 鹿児島国際大学　税法　非常勤講師 鹿児島大学大学院　法人税法　非常勤講師

【主な著書】
・平成29年　改訂版　法人税と地方税申告のチェックリスト（大蔵財務協会）
・延納適用と相続税納税制度　共著：右山昌一郎（監修）、岡崎和雄（大蔵財務協会）
・誤りやすい地方税の実務Q&A（税務研究会）
・パターン別　消費税の仕入税額控除の有利・不利（大蔵財務協会）
・法人税・消費税と資金繰り（大蔵財務協会）
・事業承継戦略と税実務　共著：苅米裕（財経詳報社）
・消費税と資金繰り（大蔵財務協会）　　　　　　　　　　　　　　　等

本書の内容に関するご質問は、ファクシミリ等、文書で編集部宛にお願いいたします。(fax 03-6777-3483)
なお、個別のご相談は受け付けておりません。

本書刊行後に追加・修正事項がある場合は、随時、当社のホームページにてお知らせいたします。

固定資産税の課税の誤りと他方面への影響

平成30年3月10日　初版第一刷印刷	（著者承認検印省略）
平成30年3月15日　初版第一刷発行	

Ⓒ　著　者　　森　田　純　弘
　　発行所　　税 務 研 究 会 出 版 局
　　　　　　　週刊「税務通信」「経営財務」発行所

代表者　山　根　　毅

郵便番号100-0005
東京都千代田区丸の内1-8-2（鉄鋼ビルディング）
振替00160-3-76223
電話〔書 籍 編 集〕03(6777)3463
　　〔書 店 専 用〕03(6777)3466
　　〔書 籍 注 文〕03(6777)3450
　　〈お客さまサービスセンター〉

各事業所　電話番号一覧

北海道 011(221)8348	神奈川 045(263)2822	中　国 082(243)3720
東　北 022(222)3858	中　部 052(261)0381	九　州 092(721)0644
関　信 048(647)5544	関　西 06(6943)2251	

〈税研ホームページ〉　https://www.zeiken.co.jp

乱丁・落丁の場合は，お取替え致します。　　印刷・製本　株式会社　朝陽会
ISBN 978-4-7931-2277-4

週刊「税務通信」
〜実務家の皆様のあらゆるニーズにお答えする〜

contents

ニュース
税制改正から税務調査の動向まで税務に関する主要なニュースの全速報。

解　説
改正法令・通達について担当官がわかりやすく解説。

法令・通達・資料
税制改正の大綱、法律案をはじめ税務当局や各種団体の公表資料を随時掲載。

ショウ・ウィンドウ
実務上判断に迷いやすい税金実務のポイントを紹介。

週刊「税務通信」
- 年間購読料　38,880円（税込・送料込・前払制）
- B5判 32頁（増ページ有り）
- 毎週月曜日発行
- 綴じ込み台紙付き(半年毎)

特別附録・「法人税申告書の実務」・「法人税便覧」・「国税局別税務職員録」

インターネット版も選べます！

探したい記事をすばやく検索！
週刊「税務通信」インターネット版

税務通信データベース

検索機能／バックナンバー5年超収録／法令・通達リンク

- 年間利用料（税務通信データベース単体契約）
  38,880円（税込・前払制）
- 年間購読利用料（週刊「税務通信」とセット契約）
  51,840円（税込・前払制）

●充実のコンテンツ

2001年4月2日号（No.2667）から最新号までの掲載記事を全文収録！

法令・通達集データ…71本
改正を随時反映、最新の内容に更新、新旧対照表も収録

※価格は平成29年4月1日現在の金額です。

株式会社 税務研究会　　https://www.zeiken.co.jp